特出人物志

鄧　啓著

文史哲出版社印行

特出人物志 / 鄧啓著. -- 初版. -- 臺北市 : 文史哲, 民 89
面 ; 公分
ISBN 957-549-262-5 (平裝)

1. 中國 - 歷史 2.中國 - 傳記

610.4

特出人物志

著者：鄧啓
出版者：文史哲出版社
登記證字號：行政院新聞局版臺業字五三三七號
發行人：彭正雄
發行所：文史哲出版社
印刷者：文史哲出版社
臺北市羅斯福路一段七十二巷四號
郵政劃撥帳號：一六一八〇一七五
電話 886-2-23511028・傳眞 886-2-23965656

實價新臺幣一六〇元

中華民國八十九年一月初版

ISBN 957-549-262-5

特出人物志 目次

附錄：

自序

余撰而出版書籍，已逾十本。有治國之道者，有治亂與人物者，有改革圖強者，有資治通鑑者，有國史新論者，有治國指要者，有治術興邦者，有心性論綱者，有司馬光學術者，有統論——政統與道統者，有民主建國問題者，有美國的遠東政策者，有西安事變的眞正內幕著，有因布賴司特和約的教訓——引起丁文江、胡適、鄧啓、徐公達等論戰者，有通鑑論贊選釋者等。茲以年邁執筆時少，特撰「特出人物志」一書，內計四十多人，皆古今有特出貢獻者。希閱者能效而奮勉自強焉。

鄧啓序　民國八十八年十一月

特出人物志

大禹

當堯之時，洪水氾濫，人民無法居住。堯命鯀治水，鯀用堵塞方法，多築堤壩，經過九年不成。其後舜用鯀之子禹治水，禹用疏導方法，工作了十三年。使江、淮、河、濟、諸水，疏通於海。造福民生至大。若無大禹，即無華夏。他三過其門而不入，辛勞可想。所以大禹之功，爲中國有史以來第一。

神農

神農，古帝名。以姜爲姓。始製耒耜，教民務農。在位時，嚐百草以療疾病。立市廛以通貨財。初都陳，後遷魯。立一百二十年崩。葬長沙。由今以觀，若無神農，古人疾病無法醫療。若無神農，古人不知務農。可知大禹治水之後，有神農，其功勛僅亞於大禹。

孔子

孔子，名丘，字仲尼。魯國曲阜人。生於周靈王時，卒於周敬王時。孔子極爲博學，是位溫良恭儉君子，循循善誘誨人不倦良師。晚年刪詩書，定禮樂，據魯史作春秋。孔子逝後，其弟子將生前言行，集成一書，名曰「論語」。孔子重視「仁」，仁者愛人。己所不欲，勿施於人。孔子倡正名主義，所謂「君君、臣臣、父父、子子」。孔子最大成就在教育，他盛行「有教無類」，不論何人，一律施教。故後世尊爲萬世師表。數千年來，人皆尊之曰：「德配天地，道冠古今。」故曰：若無大禹，即無中國。若無神農，國人無法農耕及醫病。若無孔子，國人無法受教。故孔子者，古今教化大師也。

管仲

管仲夷吾者，潁上人也。少時常與鮑叔游，鮑叔知其賢。管仲貧困，常欺鮑叔。分財利，多自與，鮑叔不以爲意，知仲貧也。仲嘗爲鮑叔謀事，而多不利，鮑叔不以仲愚，知時有利不利也。仲嘗三仕三見逐於君，三戰三走。鮑叔不以仲爲怯。知仲有老母也。公子糾敗，召忽死之。仲幽囚受辱。鮑叔不以仲爲無恥，知仲不羞小節也。鮑叔事齊公子小白，仲事公子糾。及小白立爲桓公，公子糾死，管仲囚焉。鮑叔遂薦管仲爲相，以身下之。管仲任政於齊，以區區之齊，在海濱。通貨積財，富國強兵，與俗同好惡。不數年，齊爲五霸之首。其爲政也，善因禍而爲福，轉敗而爲功。貴輕重，愼權衡。桓公實怒少姬，南襲蔡。管仲因而伐楚，責包茅不入貢於周室。桓公實北伐山戎，管仲因而令燕修召公之政。於柯之會，桓公欲敗曹沫之約，管仲諫之。因而信之。諸侯於是歸齊。故曰：「知與之爲取，政之寶也。」管仲富擬於公室，有三歸，反坫。齊人不以爲侈。管仲卒，齊國遵其政，常彊於諸侯。

商鞅

商鞅者，戰國衛之庶孽公子。姓公孫氏，好刑名之學。相秦孝公，定變法令。廢井田，開阡陌，定軍制，改賦稅之法。立富強之策。行之十年，秦國大治。封於商，號商君。然用法太嚴，貴戚大臣多怨望。孝公死，鞅被車裂以殉。

藺相如

藺相如，趙人也。爲趙宦者令繆賢舍人。趙惠文王時，得楚和氏璧。秦昭王聞之，遺趙王書，願以十五城易璧。趙王與大臣及大將軍廉頗謀。欲予秦，秦城恐不可得。欲勿予，患秦兵之來。求人可使報秦者，宦者令繆賢曰，臣舍人藺相如可使，此人智勇兼全。於是王召見，問相如曰：「秦王以十五城易寡人之璧，可予否？」相如曰：「秦強而趙弱，不可不許。」王曰：「取吾璧不予我城，奈何？」相如曰：「秦以城求璧，而趙不許。曲在趙。趙予璧而秦不予城，曲在秦。」王曰：「誰可使者？」相如曰：「王若無人，臣願奉璧往。城入趙，而璧留秦。城不予，臣請完璧歸趙。」趙王遂遣相如奉璧西入秦。秦王坐章臺見相如，相如奉璧奏秦王，秦王大喜。傳以示美人及左右，衆皆呼萬歲。相如見秦王無意償趙城。乃前曰：「璧有瑕，請指示王。」王授璧，相如持璧卻立倚柱，怒髮衝冠。謂秦王曰：「大王欲得璧，使人發書致趙王。趙王召群臣議。皆曰秦貪，恃強以空言求璧，償城恐不可得。行時趙王齋戒五日，使臣奉璧送於庭。今臣至，大王見臣，禮節甚倨。得璧傳之美人，以戲弄臣。大王必欲色臣，臣頭與璧俱碎於柱矣。」相如持璧睨柱，欲以擊柱。秦王恐其破璧，佯召有司案圖，指從此以往十五城予趙。相如度秦王以詐，佯予趙城。乃謂秦王曰：「和氏璧天下共傳之寶也。趙王送璧時，齋戒五日。今大王亦宜齋戒五日，設九賓於庭，臣乃敢上璧。」秦王度之，終不可彊奪。遂許齋戒五日。舍相如廣成傳舍。相如度秦王雖齋，終不償城。乃使從者衣褐，懷璧從徑道歸璧於趙。秦王齋戒五日後，引相如至。相如謂秦王曰：臣見秦王終不予十五城予趙，已遣一介懷璧歸趙矣，請就斧鉞之誅。秦王意殺相如而終不可得璧，絕秦趙之驩。不如因而厚遇之。相如歸趙，趙王以相如功高，拜爲上大夫。——此相如以智勇完璧歸趙，而不懼強秦者也。

黃石公

黃石公者，張良之師也。良韓人，其先人五世相韓。秦滅韓，良率力士擊秦皇帝於博浪沙中，誤中副軍。始皇大怒，大索天下。良乃變姓名，亡匿下邳。良嘗閒游下邳圯上。有一老人衣褐，至良所。直墮其履圯下，顧謂良曰：「孺子下取履」。良愕然，欲毆之。爲其老，彊忍下取履。父曰：「履我！」良業爲取履，乃長跪履之。父笑而去。去里所，復還。曰：「孺子可教也。後五日平明，與我會於此。」良怪之，跪曰：「諾。」五日平明良往，父已先至。怒曰：「與老人期，何後也？」曰：「後五日早會。」五日雞鳴，良往，父又先至。怒曰：「何後也，後五日早來。」良乃夜半即往，少頃，父亦來。喜曰：「當如是。」乃出一編書，曰：「讀此，可爲王者師矣。」「後十三年孺子見我於濟北穀城山下，黃石即我矣。」遂去。旦日良視其書，乃太公兵法也。良異之，常習誦之。後十年陳涉等起兵，良亦聚少年百餘人，道遇沛公，遂屬焉。沛公拜良爲廐將。良數以太公兵法說沛公，公善之。常用其策。良爲他人言皆不省。良曰：「沛公殆天授焉。」其後良從沛公，沛公用其策，皆中。良助沛公進而爲漢王，終於擊敗項羽，取得天下。良運籌決勝之功，悉賴黃石公所授之書。後十三年，良從高帝過濟北，果見穀城山下黃石，取而葆祠之。及良逝，亦葬黃石冢。良之所以能助沛公成帝業，乃黃石公教之也。

侯嬴

信陵君，魏公子無忌，爲魏昭王少子，魏安釐王異母弟。昭王薨，安釐王即位，封公子爲信陵君。公子爲人仁而下士，士無賢不肖，皆謙而禮交之。不敢以其富貴驕士。士以此方數千里，爭往歸之。致食客三千人。當是時，諸侯以公子賢，多客，不敢加兵謀魏十餘年。魏有隱士曰侯嬴，年七十，家貧。爲大梁夷門監者。公子聞之，往請，欲厚遺之。不肯受。嬴曰：「臣修身潔行，數十年。終不以監門困，受公子財。」公子乃置酒，大會賓客，坐定。公子從車騎，虛左，自迎侯生。侯生攝弊衣冠，直上載，上坐，不讓。欲以觀公子。公子執轡愈恭。侯生又謂公子曰：「臣有客在市屠中，願枉車騎過之。」公子引車入市。侯生下見其客朱亥。俾倪，故久立。與其客語，微察公子。公子顏色愈和。當是時，魏將相宗室賓客滿堂，待公子舉酒。市人皆觀公子執轡，皆竊罵侯生。侯生見公子色終不變，乃謝客就車。至家，公子引侯生上坐，徧贊賓客，一座皆驚。酒酣，公子起爲侯生壽。侯生因謂公子曰：「嬴乃夷門抱關者也。公子親枉車騎。迎嬴於衆人廣坐之中。不宜有所過，今公子故過之。然嬴欲就公子之名，故久立公子車騎市中，以觀公子。公子色愈恭。市人皆以嬴爲小人，而以公子能下士也。」於是罷酒，侯生遂爲上客。侯生謂公子曰：「臣所過屠者朱亥，此子賢者，隱屠間耳。」公子數往請之，朱亥故不復謝。公子怪之。魏安釐王二十年，秦昭王已破趙長平軍，又進兵圍邯鄲。公子姊爲趙惠文王弟平原君夫人。數遺魏王及公子書，請救於魏。魏王使將軍晉鄙將十萬衆救趙。秦王使使者告魏王曰：「吾攻趙旦暮且下，如諸侯有敢救趙者，已拔趙，必移兵擊之。」魏王恐，使人止晉鄙，留軍壁鄴。名爲救趙，實持兩端以觀望。平原君使者冠蓋於魏。讓魏公子曰：「勝所以自附爲婚姻者，以公子高義，爲能急人之困。今邯鄲旦暮降秦，而魏救不至。安在公子能急人之困也。且公子縱輕勝，獨不憐公子之姊耶？」公子患之，數請魏王，說王萬端。魏王畏秦終不聽。公子自度終不能得之於王。計不獨生，而令趙亡。乃約車騎百餘乘，欲赴秦軍，與趙俱死。行過夷門，見侯生，俱告所以欲死秦軍之狀。侯生曰：「公子勉之矣，老臣不能從。」公子行數里，心不快。曰吾所以待侯生者備矣，今吾且死，而侯生竟無一言半辭送我，我豈有所失哉！後引車還問侯生。侯生笑曰：「臣固知公子之還也。曰，公子喜士，名聞天下。今有難，無他端，而欲赴秦軍。譬若以肉投餒虎，何功之有哉？然公子遇臣厚，公子往而臣不送，以是知公子恨而復返也。」公子再拜，乃屛人問侯生。侯生曰：「嬴聞晉鄙之兵符在王臥內，而如姬最幸。出入王臥內，力能竊之。嬴聞如姬之父爲人所殺。

如姬資之三年，自王以下欲求報其父仇，莫能得。如姬爲公子泣，公子使客斬其仇頭，敬進如姬。如姬欲爲公子死，無所辭。公子誠一開口請如姬，如姬必許諾。則得虎符奪晉鄙軍。北救趙而西卻秦，此五霸之伐也。」公子從其計，請如姬，如姬果盜晉鄙兵符與公子。公子行，侯生曰：「將在外，主令有所不受，以便國家。公子即合符，而晉鄙不授公子兵。而復請之，事必危矣。臣客屠者朱亥，可與俱。此人力士，晉鄙聽，大喜。若不聽，可使擊之。」於是公子泣。侯生曰：「公子畏死耶？何泣也。」公子曰：「晉鄙嚄唶宿將。往恐不聽，必當殺之。是以泣耳。豈畏死哉！」於是公子請朱亥。朱亥笑曰：「臣乃市井屠者，而公子親數存之，所以不報謝者，以爲小禮無所用。今公子有急，此乃臣效命之秋也。」遂與公子俱。公子過謝侯生。侯生曰：「臣宜從，老不能。請數公子行日，以至晉鄙軍之日。北鄉自剄以送公子。」公子遂行，至鄴。矯魏王令代晉鄙，晉鄙合符，疑之，舉手視公子曰：「今吾擁十萬之衆，屯於境上，國之重任。君單車來代之，何如哉？」欲無聽，朱亥袖四十斤鐵椎，椎殺晉鄙。公子遂將晉鄙軍。下令軍中曰：「父子俱在軍中，父歸。兄弟俱在軍中，兄歸。獨子無兄弟，歸養。」選精兵八萬人，進兵擊秦軍，秦軍解去。遂救邯鄲，存趙。趙王及平原君迎公子於界，平原君負韊矢，爲公子先。趙王再拜曰：「自古賢人，未有及公子者也。」公子與侯生決，至軍。侯生果北鄉自剄。此貧士而能出奇計者也。

諸葛亮

諸葛亮，字孔明，琅邪陽都（今山東沂水）人。亮早孤，從父玄，爲袁術所署豫章太守。玄將亮及亮弟均之官。會漢朝更選朱皓代玄，玄素與荊州牧劉表有舊，往依之。玄卒，亮躬耕隴畝，好爲梁父吟。每自比管仲、樂毅，時人莫之許也。惟博陵崔州平、潁川徐庶，謂爲信然。時劉備屯新野，徐庶見備，備器之。庶謂備曰：「諸葛孔明者，臥龍也。將軍願見之乎？」備曰：「君與俱來。」庶曰：「此人可就見，未可屈致也。將軍宜枉駕顧之。」於是備詣亮，凡三往乃見。因屏人曰：「漢室傾頹，姦臣竊命，主上蒙塵。孤不度德量力，欲伸大義於天下。而智術淺短，至於今日。君謂計將安出？」亮答曰：「自董卓以來，豪傑並起。曹操比於袁紹，名微而衆寡。然操遂能克紹，非惟天時，抑亦人謀也。今操已擁百萬之衆，挾天子以令諸侯，此誠不可與爭鋒。孫權擁有江東，已歷三世，國險而民附，賢能爲之用。此可與爲援，而不可圖也。荊州北據漢沔，利盡南海。東連吳會，西通巴蜀。此用武之國，而其主不能守。此殆天所以資將軍。將軍豈有意乎？益州險塞，沃野千里，高祖因之以成帝業。劉璋闇弱，張魯在北。民殷國富，而不知存恤。智能之士，思得明君。將軍既帝室之冑，信義著於四海。總攬英雄，思賢如渴。若能跨有荊益，保其巖阻。西和諸戎，南撫夷越。外結好孫權，內修政理。天下有變，則命一上將，將荊州之軍，以向宛洛。將軍身率益州之衆，以出秦川。百姓孰敢不簞食壺漿，以迎將軍乎？誠如是，則霸業可成，漢室可興矣。」備曰：「善。」其後因曹操來征，荊州牧劉表少子劉琮遣使請降。曹操率兵南下，亮奉命赴江東，說孫權與劉備合力拒曹，曹操敗於赤壁，引軍歸鄴。劉備遂收江南，以亮爲軍師中郎將，使督零陵、桂陽、長沙三郡。建安十六年，益州牧劉璋，遣法正迎劉備，使擊張魯。備乃自葭萌還攻璋，亮與張飛等與劉備共圍成都。成都平。二十六年，群下勸劉備稱尊號，亮引吳漢、耿弇，勸光武接位之言，勸備即位。備以亮爲丞相，錄尙書事。假節。三年春，亮率衆南征。其秋悉平。軍資所出，國以富饒。其後因孫權派呂蒙襲荊州，關羽死。備爲羽報仇，率傾國之軍，東下平吳。不幸爲陸遜所敗。備氣憤之餘，返逝奉節。由子阿斗繼位。五年，亮率諸軍北駐漢中。上疏告後主，（詞略）亮連年北伐，六出祁山。始則南安、天水、安定三郡，叛魏應亮。繼則馬謖違亮節度，失街亭。亮戮謖謝衆。七年，亮遣陳式攻武都、陰平，郭淮遁走。遂平二郡。九年，亮復出祁山，糧盡退軍。與魏將張郃戰，射殺郃。十二年春，亮悉大衆由斜谷出，據五丈原，與司馬懿對於渭南，相持百餘日。其年八月，亮病卒於軍。時年五十四，及軍退，司馬懿案其營壘處所，曰：「天下奇才也。」亮遺命葬於漢中定軍山，因山爲墳，冢足容棺。歛以時服，不須器物。後主聞悉，下詔褒揚，贈亮爲丞相武鄉侯，謚爲忠武侯。景耀六年春，詔爲亮立廟於沔陽。其秋，魏鎭西將軍鍾會征蜀，至漢川，祭亮之廟。令軍士不得於亮墓左右芻牧樵採。其後後主爲劉備立廟於成都，以亮廟附後。啓昔年任閻綏請主任兼二戰區司令長官錫山之駐成都少將代表。暇日屢往武侯祠遊覽。歷年學人題辭甚多，其中鄒魯題一絕曰：「門前大書昭烈廟，世人皆謂武侯祠，從來名位輸勛業，丞相功高萬古思。」又有前人一聯云：「廟垂二千年，問魏闕吳宮安在？人居三代後，比商伊周呂何如？」足見後人仰慕欽佩之忱。

陶潛

陶潛，晉尋陽柴桑人，一名淵明，字元亮。志趣高潔，不慕榮利。嘗爲彭澤令，在官八十餘日。歲終，郡遣督郵至縣，吏白應束帶見之。潛歎曰：「吾不能爲五斗米折腰。」因棄官去。賦歸去來辭見志。家貧樂道，以詩酒自娛。倘佯自適。義熙來，徵爲著作郎，不就。元嘉中卒。世稱靖節先生。其詩沖淡澹遠，妙造自然。有靖節先生集。

嚴光

嚴光字子陵，會稽餘姚人。少有高名，與光武同遊學。及光武即位，光乃變姓名，隱身不見。帝思其賢，乃令屬下訪之，後齊國上言，有一男子披羊裘，釣澤中。帝疑爲光，乃備安車玄纁，遣吏聘之。三返而後至。舍於北軍。給床褥，太官早夕進膳。司徒侯霸與光素舊，遣使奉書，光不答。乃投札與之，得書奏之。帝笑曰：「狂奴故態也。」車駕即日幸其館。光臥不起，帝撫光腹曰：「咄咄、子陵不可相助耶？」光眠不應，良久乃張目熟視曰：「昔唐堯著德，巢父洗耳。士故有志，何至相迫乎？」帝曰：「子陵，我竟不能下汝耶？」於是升輿嘆息而去。其後復引光入，論道究故，相對累日。帝從容問光曰：「朕何如昔時？」對曰：「陛下差增於往。」因共偃臥，光以足加帝腹上。明日太史奏曰：客星犯御座甚急。帝笑曰：「朕與故人嚴子陵共臣耳。」除爲諫議大夫，不屈。乃耕於富春山。後人名其釣處爲嚴陵瀨。建武十七年，復特徵不至。年八十終於家，帝傷借之。詔下郡縣，賜錢百萬，穀千斛。此高士而不慕榮利者也。

玄奘

玄奘，俗姓陳，名禕。河南偃師人。幼即出家，研讀佛經。領悟性高。對前人翻譯之經典，發現好多缺點，如詞不達意，或殘缺不全。遂發願親往印度取經。唐貞觀元年，潛出玉門關，雙身橫渡沙漠，經西域三十餘國，跋涉萬餘里。歷盡艱險，抵達印度。初於摩揭陀國蘭陀寺，從年逾百歲之戒嚴大師，習瑜珈論，後周遊全印，遍訪佛寺名僧。留學十七年，經歷五十餘國。返國時攜回佛經六百五十七部。玄奘又親自譯爲中文。唐太宗親迎，認爲無上光榮。積勞致疾，於唐高宗麟德元年圓寂。此爲我國佛學之鼻祖，迄今無出其右者。

李世民

李世民，隴西狄道人，西涼李暠之後。父李淵，仕隋。隋朝末年，由於煬帝專事遊樂，不理朝政，天下大亂。其時李淵駐守晉陽，次子世民勸淵取天下，淵初猶豫。其後世民稱，若事成，當擁父為天子，事敗則我當其罪。於是淵聽之。世民先後擒薛仁杲、李軌、隴西平。囚竇建德、降王世充、敗劉武周、降苑君璋、而朔代靖。囚蕭統、擄林士宏、而湘楚寧。執劉黑闥、逐徐圓朗、而魯齊定。淵初起兵，皆次子世民之謀，削平群雄，亦皆世民之功。淵嘗語世民曰：「若事成，天下皆汝所平，當以汝為太子。」惟淵長子建成、四子元吉，共忌世民之功。元吉夙有殺世民之心，然後去建成。嘗勸建成除世民曰：「當為兄手刃之。」元吉曾請淵殺世民，淵曰：「彼有定天下之功，無罪，何以殺之？」世民之僚屬皆憂懼。房玄齡、杜如晦、尉遲敬得等，皆勸世民決大計。世民密奏建成、元吉淫亂後宮。且曰：「臣於兄弟無絲毫負，今欲殺臣。」淵愕然曰：「明當鞠問，汝宜早參。」翌晨，世民率無忌等人，建成、元吉至，世民射之，建成斃。敬德殺元吉。淵聞大驚。裴寂、蕭瑀等曰：「秦王功高，天下歸心。陛下若處以元良，委之國務。無後事矣。」淵曰：「善，此吾之夙願也。」於是立世民爲太子，軍國庶事，悉由太子處決。高祖九年，自稱太上皇，內禪世民，是爲太宗。建元貞觀。

世民治唐，震鑠古今。約言之，選海內文武非常之才，爲文學館十八學士，凌煙閣二十四官，皆樂爲之用。又輕傜薄賦，選用廉吏。任用忠良：房玄齡、杜如晦、魏徵、王珪、褚遂良、馬周等。每多論諫，多嘉納之。又廣設學校，推行儒教，發展文化。當時高麗、日本、吐蕃、高昌等國，皆派子弟赴長安留學。世民之世，李靖、張賓相、裴行儉等之夷突厥。李世勣、薛仁貴、劉仁軌之伐高麗。侯君集、牛進達等之敗土蕃。李道彥、劉師立等之破黨項。王玄策、蔣仁師等之服天竺（印度）。唐威所屆，東跨遼海，北至大磧。西被達昌水（底格理斯河）。南包天笠，逾於奏漢，各國尊之爲天可汗。總之，三代以下，文治武功，咸以貞觀之治爲最。

魏徵

魏徵，字玄成。唐曲城人。喜讀書，博通經史。隋末天下大亂，豪傑並起。徵隨李密起事，聞高祖李淵賢，往依之。太宗接位，拜諫議大夫，及檢校侍中。徵其貌不揚，生性耿直，深以「吾君不及堯舜」爲取。故不避危難，犯顏敢諫。太宗嘗怒欲殺之，因其至誠無私而容忍。徵先後有數百諫，多爲犯顏逆龍鱗之諫。太宗均容忍而接受。弼成貞觀之治。貞觀十七年卒，享年六十四歲。太宗罷朝三日，痛曰：「以銅爲鑑可以正衣冠，以古爲鑑可以知盛衰，以人爲鑑可以知得失，今魏徵亡，朕亡一鑑矣。」謚文貞。太宗嘗問群臣曰：「草創難乎？守成難乎？」房玄齡等曰草創難。魏徵則曰守成難。太宗曰：「玄齡等隨朕打天下，故曰草創難。今草創已往矣，今後魏徵等隨我開創未來，故曰守成難。」其重視魏徵者如此。

薛仁貴

薛仁貴，龍門人。隋煬帝大業八年生。少貧賤。唐太宗征遼東，應募從軍，所向披靡。敵軍二十萬皆奔潰。遷右領軍中郎將。高宗幸萬年宮，一夜山洪暴至，衛兵逃散。仁貴登門大呼，帝遽出，登高獲免。嘉其忠，賜以御馬。顯慶中，屢破高麗、契丹、突厥、拔扶等四十餘城。拜左武衛將軍。時九姓衆十餘萬來戰，仁貴發三矢，殺三人。於是虜氣懾服，遂降之以歸。九姓遂衰，拜本衛大將軍，封平陽郡公。永淳初卒，享年七十。此少貧而能爲國立大功者也。

文天祥

文天祥，宋吉水人。字宋瑞，號文山。理宗時進士，官至江西安撫使。元兵入寇，天祥應詔勤王，受命使元軍。被執，遁入眞州。時瑞宗立於福州，拜天祥右相。封信國公。募兵轉戰，力圖恢復。兵敗被執，不屈。作正氣歌以見志，遂就死。此爲國效忠，兵敗不屈而殉國者也。

岳飛

岳飛，宋湯陰人，字鵬舉。侍母孝，家貧力學。宣和中，以敢戰應募。隸宗澤部下，與金人戰，所向皆捷。高宗手書「精忠岳飛」四字，製旗賜之。又破劉豫，平楊么。累官至太尉，加少保。爲河南北洛招討使。未幾，大破金兵於朱仙鎮，欲指日渡河，時秦檜力主和議，一日降十二金牌召飛還。復諷万俟卨等劾飛，被捕下獄死，卒年三十九。孝宗時，追封鄂王，謚武穆。改謚忠武，今浙江杭縣西湖，有岳王廟及墳。——此古忠烈而被巨奸加害名將之一也。

司馬光

司馬光，字君實。宋陝州夏縣人。生於宋眞宗天禧三年，卒於哲宗元祐元年，世稱涑水先生。幼即聰慧異常人。仁宗寶元初，中進士甲科。累官天章閣待制、知諫院、翰林學士、端明殿學士、知永興軍宣撫使、知許州、判西京御史臺、資政院學士、尚書右僕射兼門下侍郎。入相僅八月而薨，年六十八。贈太師溫國公、諡文正。著有「資治通鑑」，歷十九年始成。上起戰國，下迄五代，成編年鉅製。神宗賜名曰「資治通鑑」。光生平服膺一誠字，謂無事不可對人言。其「資治通鑑」一書，與「史記」並駕齊驅。世稱漢宋兩司馬，譽爲國史巨擘。光孝友恭儉，其兄旦，年且八十，奉之如嚴父，保之如嬰兒。光爲官公正，直言敢諫。仁宗始不豫，無嗣，天下憂心，而莫敢言。光繼范鎭凡三上章，帝大感動，乃立皇子，儲君遂定。英宗嗣位，詔議濮王典禮。濮王者，英宗之生父也，人莫敢先。光獨奮筆書曰：「爲人後者爲之子，不得顧私親，宜稱皇伯。」不畏譴責。神宗立，王安石秉政，行新政。惟以用人不當，操之過急，爲時詬病。光極論其不可，章六七上，爭之不獲，乃退居洛，十有五年，不言時事。惟天下仰望，即野夫田老，亦咸盼光入相。帝崩，赴闕，所至爲民遮道聚觀。曰：「公無歸洛，留相天子，活百姓。」其得民心者如此。哲宗立，起光入相，悉去新法之爲民害者。光見言聽計從，益加感奮。蓋勞不舍晝夜，威望遠播。遼夏使至，亦必問光起居。敕其邊吏曰：「中國相司馬矣，毋輕生事，開邊隙。」其爲敵國重視者如此，竟於是年九月薨於位。此爲國效忠，威望遠播，而使鄰國敬佩者也。

李時珍

李時珍，字東璧，湖北蘄州人。明武宗正德十三年生。一度爲官，旋辭歸。好讀書，年三十五，開始撰著「本草綱目」。窮搜博採，均具實證。歷時二十七年，三易其稿，始克完篇。王世貞爲之作序。「本草綱目」計收藥物一千八百九十二種，分十六綱，六十目，揚棄舊傳統，建立新系統。其書除具藥物學價值外，於自然科學及應用科學，亦有成就。被譯爲七種文字，流行海外。李氏對中醫有大成就，彼時西學尚未東漸，李氏爲繼華陀之後，又一大藥物學家。明萬曆二十一年卒，享年七十六。

楊漣

楊漣，字文孺，號大洪。湖北應山人。明隆慶五年生，磊落負奇節。萬曆進士，除常熟知縣，舉廉吏第一。累遷兵科右給事中。光宗立，寢疾，以小臣與顧命。擁熹宗即位，復起爲左副都御史。魏宗賢竊柄，氣燄張甚，劾魏二十四大罪。魏使其黨徐大化，劾漣與左光年黨同伐異，招撫納賄，坐贓二萬，遂逮漣。士民數萬人擁道攀號，焚香建醮，祈祐生還。比下獄，酷法拷訊，體無完膚，天啓五年斃於獄。——此又一巨奸害忠良者也。

袁崇煥

袁崇煥，廣東東莞人。明萬曆進士，考察東北返京，自請赴東北抗清。築寧遠城，屢退後金進攻。天啓六年，寧遠大捷，努爾哈赤受傷而死。次年復大敗努爾哈赤之子皇太極。崇楨二年，聞復金繞道圍攻北京，星夜回援。崇楨帝中皇太極反間計，以謀反罪將袁崇煥凌遲處死，頭顱高懸城樓。行刑日，押往刑場時，沿途誤信其奸，人人以口咬其身上肉。至刑場時，劊子手再以刀將其身上肉亂刀割下。殘酷行刑持續三日，崇禎三年卒。——此崇禎昏君慘殺忠良之例一。崇楨多疑而誤殺忠良者多。終於被迫自己弔死煤山，此昏君誤國最著者也。

戚繼光

戚繼光，字元敬，山東人。明嘉靖七年生，家貧好學，兒時喜戰爭遊戲。時倭冠猖獗，及長，奉命至浙。召募三千人，教以擊刺法。創鴛鴦陳法，並練水軍，兵精械利。戚家軍遂名聞天下。不及五年，東南沿海倭冠遂平。隆慶初，薊門多警，奉命移鎮北邊，教士卒行軍作戰之法。又建議築墩台修茸邊牆，十六年中，北方相安無事。萬曆十五年逝，享年六十。所著紀效新書及練兵實紀，遂爲後世著名軍事著作。此明代一著名軍事家，能爲國肅倭，使沿海相安者也。

王守仁

王守仁，字陽明，精研孔孟之道，世傳陽明之學。明武宗正德年間，寧王宸濠以武宗不理朝政，專事游樂，遂蓄意不軌，據南昌反，欲取而代之。時提督南贛軍務都御史王守仁，移檄遠近，暴露宸濠罪惡，起兵討之。宸濠兵力強，守仁與之作殊死戰，執宸濠及其世子郡王儀賓，及僞丞相等數百人。擒斬賊黨三千餘人，溺水死者約三萬，執宸濠入江西。宸濠見守仁曰：「王先生，我欲盡削護衛，降爲庶民。可乎？」守仁曰：「有國法在。」八月，武宗下詔親征，自稱奉天征討威武大將軍鎭國公，駐蹕良鄉。守仁捷書至，上疏曰：「今宸濠已擒，逆黨已獲。」九月，上至南京，將獻俘闕下。太監張永勸守仁將順上意，守仁信其無他，以宸濠付之，乘夜還江西。張永見上，備言守仁之忠。其時江彬、張忠等，欲奪功，誣守仁初附宸濠，張永力辯其誣。守仁乃綸巾野服，入九華山。張永聞之，言於上曰：「王守仁忠臣，今聞衆欲奪功，乃入山爲道士。」上信之，乃命王守仁巡撫江西。十二月，宸濠等至南京，上欲自以爲功。乃與諸近侍戎服出城數十里，列俘於前，爲凱旋狀。既入，囚禁之。十五年秋九月，上以大將軍鈞帖，令巡撫江西都御史王守仁，重上捷書。冬十月，上自南京班師還京。十二月，賜宸濠死，燔其屍。餘黨至京師磔誅之，獨抑王守仁功未敘。至嘉靖初，始起爲南京兵部尚書，封新建伯。此大臣有功，而昏君欲奪之而僞稱自爲者也。

曾國藩

曾國藩，字伯涵，號滌生，清湖南湘鄉人。生於嘉慶十六年，道光十八年進士。咸豐初，官至禮部侍郎。太平軍起，丁憂在鄉，其時土匪乘機蠢動，搶劫百姓。國藩乃督辦團練，編制鄉勇，以便剿禦。嗣奉清廷之命，赴鄂攻擊太平軍。收復武昌、九江、安慶。同治三年，克復金陵，封毅勇侯。爲同治中興功臣第一，歷任武英殿大學士、直隸總督、兩江總督。卒於官，年六十二歲。

贈太傅，諡文正。爲學以義理、詞章、經濟、考據、四者並重。即孔門德行、言語、政事、文學、四科，缺一不可。而尤重經濟之學，曾氏所謂經濟之學，乃指禮學而言。曾氏云：「古無所謂經濟之學，學禮而已。」曾氏爲文主剛柔並濟、奇偶互用、駿邁雄暢。與桐城、陽湖、三者鼎足而立。梁啓超譽爲「立德、立功、立言三不朽。」曾氏纂有「經史百家雜鈔」、「十八家詩鈔」等書。後人編有「曾文正公全集」。

曾氏著有「聖哲畫像記」一文，稱爲文淵閣直閣校理時，每歲二月侍從宣宗（即道光）皇帝入閣，得睹「四庫全書」，其富於前代所藏遠甚。而存目之書，數十萬卷，尙不在此例。認爲雖有生知之資，累世不能竟其業。況其下焉者乎？故書籍之浩浩，著述者之衆，若江海然。非一人之腹所能盡飲也，要在慎擇焉而已。乃擇古今聖哲三十餘人，命兒子紀澤圖其遺像，都爲一卷，藏之家塾。後嗣有志讀書，取足於此，不必廣心博鶩，而斯文之傳，莫大乎是矣。昔在漢世，若武梁祠、魯靈光殿，皆圖畫偉人事蹟。而列女傳亦有圖像，感發興起，由來已舊。習其器矣，進而索其神、通其微、合其莫。心誠求之，仁遠乎哉！國藩記。

曾氏此文，所擇古今聖哲：文、周、孔、孟、班、馬、左、莊、葛、陸、范、馬、周、程、朱、張、韓、柳、歐、曾、李、杜、蘇、黃、鄭、許、杜、馬、顧、秦、姚、王三十二人，俎豆馨香，臨之在上，質之在旁。

曾氏此文，所指文，周文王也。周，周公也。孔，孔子也。孟，孟軻也。班，班固也。馬，司馬遷也。左，左丘明也。莊，莊子也。葛，諸葛亮也。陸，陸贄也。范，范仲淹也。馬，司馬光也。周，周敦頤也。程，程灝、程頤也。張，張載也。韓，韓愈也。柳，柳宗元也。歐，歐陽修也。曾，曾鞏也。杜，杜甫也。李，李白也。蘇，蘇軾也。黃，黃庭堅也。杜，杜佑也。鄭，鄭玄也。許，許愼也。馬，司馬相如也。顧，顧炎武也。秦，秦蕙田也。姚，姚鼐也。王，王懷祖、王引之父子也。

曾氏德行、功業、文章、冠絕千古。爲近五百多年來第一人，迄今無出其右者，自爲特出人物之尤者。

左宗棠

左宗棠，字季高，湖南湘陰人。道光舉人。咸、同兩朝，以四品京卿，與曾國荃、李鴻章，分路作戰。統軍攻洪揚、剿捻匪，所向有功。歷任浙江巡撫，升總督。回部反清，宗棠移督陝甘，肅清秦隴。又進而平定天山南北路，封恪靖侯。卒謚文襄，著有盾鼻餘瀋及奏議。左氏有功西北，所植左公柳數千株，迄今爲人崇敬不忘。

武訓

武訓，山東堂邑人。清道光十八年十一月二十六日生。自幼家境貧苦，以乞討打工爲生。目不識丁，立志以行乞所得，興辦義塾。教育貧苦人家子弟，數年後，積錢數千串，乃購置義田，開辦義塾。於堂邑、館陶、臨清三縣，設立崇賢、鴉莊、史巷三所義塾。聘碩學之士爲塾師，如師生稍有怠惰，即長跪規戒，因之辨學成績斐然。

武訓行乞三十年，未費一文，未甘一飯，終生未婚，享年五十九歲，喪禮執紼者逾萬人。有進士、舉人、翰林等多人，此爲一赤貧而以乞討興學，惠及貧苦子弟者也。

王闓運

王闓運，清湖南湘潭人。字壬秋，咸豐舉人。篤志苦學，致力於詩、禮、春秋。才名漸著。時洪楊變起，走依曾國藩軍。後歷主船山書院、及江西大學堂講席，從游者甚衆。宣統間岑春煊上其所著書，賜翰林院檢討，晉侍讀。入民國任國史館館長。袁世凱稱帝時，以壬秋才望爲世所重，欲以爲勸進大老。派楊度接之來京，至新華門。壬秋擧目故曰「新莽門」，楊度止之。居月餘，壬秋自封國史館長印信，離京南返。某年鎭江新建關帝廟，聞壬秋才名，邀王來鎮詩酒相會。請王爲關帝廟撰一聯，壬秋敝衣，不修邊幅而往。至見鎮江文士環座竊笑。壬秋欲折之，乃撰一聯曰：「匹馬斬顏良、河北英雄皆喪膽。單車赴魯肅，江南名士盡低頭。」座中文士聞之愧甚，無可如何。壬秋著作甚多，以「湘軍志」一書最爲有名。壬秋之所以自封國史館館長仰信南下，乃不畏袁世凱威勢，而反對其稱帝也。文人如此，能有幾人。

詹天佑

詹天佑，字眷誠，廣東南海人。清咸豐十一年生，天資聰明，個性堅毅。爲我國第一批公費幼童留美學生，光緒七年，在美國耶魯大學修畢土木及鐵路工程。回國出任鐵路工程師，經辦津、張等鐵路。光緒三十一年，清廷修築京張鐵路，英、俄爭取工程，久不能決。清廷乃以天佑出任總工程師，英人譏謂中國無此築路人才。天佑遂殫精竭慮，以最短時間及最少經費，如期完成，宣告通車。消息傳出，舉世震驚。各國組團來華參觀，歎稱奇蹟。天佑因辛勞過度，卒年五十九。啓昔年爲中油公司監察人，董事長凌鴻勛竹銘，亦廣東人。曾謂詹公天佑，天資出衆，故能以最短時間最少經費，如期完成京張鐵路。詹公因此取得我國築路先驅，爲築路鼻祖。凌公亦築路專家，生平築路萬里，因景仰詹公，故屢稱外國不能，而中國能之。詹公眞爲國爭光者也。

李儀祉

李儀祉，原名協，字宜之，清光緒時生。家學淵源，十七歲中秀才，旋考入京師大學。又留學德國柏林大學，習水利工程。返國初任教於南通河海工專，尋升校長。後長陝西水利局，繼長教建二廳。創秦中水利八惠政，灌溉農田三萬頃。因以水利大師名聞中外。儀祉開陝中、陝南十多道渠。秦中原本每年有數月乾汗，自是農田得以灌溉，數十縣受其惠。儀祉因此名震中外，後由陝而華北，而中央，主持全國水利工程。旋以體弱多病，改任西北大學校長，著作等身，詩詞尤工。卒年五十四，秦中民衆爲之立像哭泣拜之，尊之爲水神。儀祉加惠秦中，迄今秦民敬之不忘。

施劍翹

施劍翹之父早年爲孫傳芳戕殺，劍翹蓄意爲父報仇。孫晚年下野信佛教，常在故都某佛院聽經，劍翹尾隨往聽。某次劍翹適坐孫後，聽衆正靜聽中，劍翹突袖出手鎗，連發數彈，孫立斃命。劍翹乃大呼曰：「我施劍翹，爲父報仇。」自首入獄，國人聞悉，讚揚者衆，紛請政府減刑釋放，施得不死。論者謂徐道鄰爲一學人，反不如一巾國女子，爲之惋歎不已。徐道鄰乃徐樹錚之子，樹錚佐段執政祺瑞，決策十中八九，段祺瑞賴之。某次不幸爲馮玉祥刺死於廊坊，道鄰少好學，留學德國，抗戰時任銓敘部司長，並在蔣公館教蔣緯國德文。時馮玉祥雖爲軍委會副委員長，惟舊部星散，出入輕車簡從，道鄰時欲報仇，迄無毅力下手，反不如一弱女子施劍翹也。

閻錫山

閻錫山，字伯川，山西五臺人。少時赴日留學，習陸軍。與蔡鍔、李烈鈞、唐繼堯等同時。其時滿清末年，孫中山在日組織同盟會，吸收同志，擬推倒滿清。閻錫山與趙戴文，毅然加入同盟會。閻、戴學成回國，加入滿清部隊，實際擬待時協助孫文革命。山西那時僅有兩個標統，相當於今之旅長。閻氏逐漸升爲標統，革命軍武昌起義時，閻氏翌日即想響應，不料走漏風聲，爲另一標統得悉。乃率部來會閻氏，此一標統傾向滿清，擬將閻氏處決，大喊請閻標統出至將臺議事。閻氏見情勢險惡，知來者不善，乃手執手槍，出來一槍將另一標統擊斃。大呼「同志們贊助革命者，跟我，否則請各隨其便。」好多兵士傾向閻氏。遂被晉省軍、民、士紳推爲都督，閻氏乃正式宣告，響應孫中山先生。那時閻氏年僅二十九歲，那時革命成功未半，北方有袁世凱與南方之孫文對峙。閻氏應付袁世凱，甚爲艱難，及至二次革命成功，閻氏處境始較夷然。

至於閻氏如何治晉呢？山西有一百零五縣，比臺灣大的多。臺灣只有十幾個縣，閻氏治理山西三十八年，已將晉省治理的「道不拾遺，夜不閉戶。」從未聞任何一縣有過搶劫殺人事件。這是筆者親自所見的，因為我是他部下。何以閻氏能如此治晉呢？簡單言之：

㈠他不接受部下的金錢餽贈。他認為這是買官行為，非常可恥，如有此情，若係平民謝絕退回，如係官吏，革職查辦。

㈡官吏貪污，如在銀圓五圓以上，立即槍決。法官判案，如與貪官通通作弊，輕則撤職，重則槍決。

㈢山西的警察，以服務民衆為任務，如有欺壓良民，索取紅包的，例判無期徒刑。警官如此，一律槍決。

㈣閻錫山治晉，首先使人人有職業，青年絕不可遊手好閒。他準備了多種就業機會，令人選擇，老病者免。

他設立三十多個工廠，有輕工業，有重工業，令省民選擇就業。

輕工業約有：紡紗廠、織布廠、製衣廠、製革廠、肥料廠、發電廠等。

重工業約有：水泥廠、煉鋼廠、煉油廠、槍廠、炮廠、炸彈廠等。

山西是著名的產媒省，他設有產煤廠多處，尤以大同一帶的煤廠最著名。山西的煤可輸出國外，換取大量外滙，據專家稱數百年產之不盡。

山西又築有同蒲鐵路，北接京綏鐵路，南抵風陵渡。其支線西接正太鐵路，使全省交通南北東西貫串無礙。那時山西沒有臺灣的鉅額外滙，多至九百多億。閻氏以少數外滙，以兵工築路，終於全部完成。那時閻氏設立「西北實業公司」，管理輕、重工業三十多廠。又設立「山西省築路總部」，他自任總辦，由他的秘書長賈景德任會辦，實際主持其事，我任他們的檢點秘書，督導各部門迅速施工。對日抗戰時，閻氏將山西兵工廠遷至四川廣元，閻民派我爲少將駐蓉代表，除與各黨派及川康軍政長官聯絡並協商大計外，並指令我監督廣元兵工廠，及山西遷至成都的四個銀行，故當時我駐蓉甚忙。

㈤閻氏治晉，各縣市村皆設有「息訟會」，人民如有爭端，先送「息訟會」調解，調解不成，方送法院。法院判案應無枉無縱，從無人敢送紅包，如有此情，送者沒收，收者撤職。

當我國對日八年抗戰時，山西的大小官員，待遇皆同，每人月薪二十圓，閻氏亦然。政府每年發給軍衣一套，平時辦公，敵來上陣。除非上峯下令，不准後退。李服膺是晉軍師長，遇敵後退，閻氏查明立即槍決，因此將士用命，捍衛國土。

山西的戶口，除設里鄰外，戰時實施連坐制度。如有貪生怕死，或爲敵人重發收買密報我方軍情者，一經查覺立即槍決。其長官亦連坐判以重刑。情節重大者，亦多槍決。

㈥閻氏不僅不受部下餽贈，當日本發動侵華七七事變時，閻氏毅然將個人家資八十三萬銀圓，捐輸國庫，實行毀家抒難。部下多受感動，高官有捐五萬者、三萬者、一萬者、五千、三千、一千等等，一時導成風氣。那時的八十三萬銀元，如與現在的臺幣較，可能在數十億元之多。其後部下凡捐款者，閻氏明令表揚。

以上筆者僅舉其犖犖大者。由於閻氏這些措施，故使山西各縣市「道不拾遺，夜不閉戶」，從未發生過搶劫殺人事件。故山西有全國模範省之譽，山西不僅從未掃過「黑」，因爲根本無「黑」可掃。

何以臺灣今日有那麼多黑道？法務部長天天下令部下掃黑，好久還是掃之不盡。高層應該深自檢討，是何故歟？自古治國理民，時時應爲民興利除害，高層應該撫心想想，數十年來政府爲人民興了什麼利？除了什麼弊？閻錫山能，何以我不能？

尤其更重要的一事，即民國十九年，因爲編遣軍隊之故。蔣中正委員長，藉口北伐成功，無須太多軍隊，儘量裁減各省的地方部隊，他的中央部隊則不裁減。引起各省軍事長官不滿，導致閻錫山、馮玉祥、李宗仁一致指摘蔣氏，演成中原大戰。其後因日本侵華，各方認爲應該團結，合作一致對外。終於因美國軍艦停在珍珠港，日本蠻悍突然炸燬美國軍艦，美國憤而參戰。最後以兩顆原子彈，投於廣島與長崎，殺死日人數十萬，日本被迫投降。間接使中國抗日勝利，不久又演成國共戰爭。由於蘇聯幫助中共，使中共日益坐大，最後迫使國軍慘敗。那時閻錫山仍在太原，本擬與太原共存亡。蔣介石電請閻氏飛至南京組閣。蔣電中稱一國之事比一省重要，閻氏不得已離並飛京，組織戰鬥內閣。那時李宗仁是代總統，蔣氏退爲國民黨總裁。李宗仁擬與中共談判，實則想投降中共。最後蔣被迫撤退時，閻氏毅然與蔣合作，共同退至臺灣。閻氏十九年本與李宗仁接近，此時能斷然與蔣撤至臺灣，此眞難得之事。否則臺灣亦爲中共所有，此一大事，今日臺灣高層茫然不知。此一大事，爲閻氏最後對得起國之事，尤其重要。

吳敬恆

吳敬恆字稚暉，江蘇人，與孫中山爲好友。一生贊助革命，而不做官。以在野之身，爲孫、蔣二公效力。抗戰初余由晉入川，某日車停廣元車站。突有二老欲搭便車，衆皆拒之，余見係吳稚暉及陳其采二老，乃迎之上車。車抵綿陽，人皆下車至餐館午食，吳則於河邊購燒餅二個與陳分食。抵成都，川康綏靖主任鄧錫侯聞知吳至，派人欲迎之赴宴，時久未得。而吳已遊舊書肆，又與余遇。吳因余允搭車之惠，特書聯一付贈余，並暢談革命不必做官之論。邇後余亦不時謁之請教，抗戰末期汪精衛出走，於南京組織政府，吳大罵指摘。直至政府遷臺，始終未做政府官吏，眞閒雲野鶴也。

汪兆銘

汪兆銘，字精衛，廣東人。幼即長於詩詞，文筆犀利，加入同盟會，中山甚器重。清末曾謀刺攝政王，未中。被執，汪自料必死，在獄中曾作詩四首，茲舉其中之一以見志：「慷慨歌燕市，從容作楚囚，引刀成一快，不負少年頭。」民國建立，汪與胡漢民、蔣中正分別領導黨政。汪胡資望在蔣之上，而蔣因掌軍權，蓄意打擊汪胡。胡曾被蔣囚禁於湯山，汪則與蔣時合時分。民國十九年閻馮李與蔣中原戰，汪與閻馮李合作。其後日本侵華促成舉國團結，共禦外侮。血戰數年，我軍不斷撤退，敵軍節節進逼。眼見我軍失敗，汪恐訂城下之盟，乃從渝出走，經河內轉南京，與日談和，組織汪政府。孰料美國突以原子彈投於廣島長崎，日人死傷慘重，被迫投降。國人曾指汪爲漢奸，實則汪與日談和，乃鑑於國軍敗象已成，故不惜冒千古罵名，與日談和，其心乃在救國。任何人皆料不到美國已有原子彈。故汪究竟賣國乎？否乎？識者應有明智論評，未可人云亦云。

張自忠

張自忠，字藎忱，山東臨清人。戎馬半生，以功擢二十九軍軍長。一九四〇年夏，日冠重兵犯襄樊。自忠親率輕兵渡河截擊，出發前曾書遺囑，致副總司令馮治安，以示堅決。五月十六日，敵軍萬餘突至。自忠身陷重圍，自晨至夜，彈如雨下。往返衝殺十餘次，部衆傷亡殆盡，自忠胸部中彈六處，左右欲引之退，自忠張目叱之曰：「此吾成仁日也，有死無退。」猶振臂高呼殺敵，創發仆地，壯烈殉職。——此日冠侵華時為國殉難之高級將領也。

徐永昌

徐永昌，字次宸，山西人。少時父母雙亡，家境貧困，寄食鄰嫗家。不久投軍，年幼初為伙夫助理，抽暇自學，漸升士官。後由校官考取陸大，嗣後不斷努力，升為旅長。隸西北軍孫岳部下。孫逝後帶兵返晉，隸閻錫山麾下。閻以其兵學嫻熟，識見超人，擢為山西省政府主席。民國十九年閻、馮、李與蔣介石大戰，徐因沉著應戰，全師而返，為蔣知之賞識。及蔣閻和好，抗戰時蔣邀徐為軍委會軍令部長，深謀策劃，迭建奇功。日本戰敗，徐晉升上將，奉命代表我國赴東京受降，美國為麥克阿瑟。後徐又兼任陸大校長。徐雖軍人而飽讀詩書，並時向閻之秘書長賈景德請益。其日記不啻一部對日抗戰簡史，論者評價極高。徐顯達後，接其飯母奉養，其雙親葬地，已有數十戶亂葬。徐乃圈入共建一大墓園供養，以表孝思。當民國十九年閻、馮、李與蔣大戰時，徐為平漢線總指揮。撤退時徐坐在黃河大鐵橋邊，令全軍返晉，徐始安然而歸。蔣之所以賞識徐者，此爲一大主因。徐永昌文韜武略，爲民國以來國軍之翹楚。徐之身世，少時與漢代韓信相似，其能爭貫戰，屢建奇功，二人亦相似。但二人最後結果則大不同，韓信功高竟爲劉邦呂后慘殺。徐永昌則功高名顯，中外欽佩，此徐之學養致之也。

李璜

李璜，字幼椿，四川人。聰明而有識見，形瘦小而精力旺盛。嘗謂讀書人所以無用，在脫不下西服與長衫之故。李爲青年黨領袖之一，常鼓勵其同志應與民衆打成一片，勿慕高官厚祿。國民黨容納在野黨參加政府時，曾延李任經濟部長，李婉謝未就，意在務實際而遠名利。民國三十八年政府遷穗，我過境訪李於酒店，至則見門懸一牌，上書主人正在午睡中。後李告我每午必睡，乃因病胃多年，曾在美就醫，醫囑食務必少，日必午睡，可以長壽。李奉爲圭臬。後果享壽九十餘。抗戰時我因奉派爲閻長官錫山之駐蓉少將代表，並兼軍委會成都行轅少將參議。與川康軍政長官及各黨派領袖多有往還，頗知李之作風。遇事謙退，而特立獨行，文人如此能有幾人？

李光耀

李光耀，一九二三年生於新加坡甘榜爪哇路。他原是中國廣東大埔縣人，他祖父李沐文，第一個跑至新加坡謀生，李家已有三代在新居住。他所以取名光耀，是希望光宗耀祖。李氏和他太太柯玉珠，都是倫敦劍橋大學的高材生。二人曾在新開了一所律師事務所，很賺錢。新加坡原是馬來西亞的一小部分，非常貧瘠。一九六五年八月，被馬來西亞總理東姑·拉曼排出馬國，當時李光耀是人民行動黨的領袖，痛苦的不斷流淚。脫離大馬後，新加坡於一九六五年十月，加入英聯邦。一九六六年一月，在紅山區舉行議會補選，人民行動黨獲得百分之八十選票。可是英國宣佈將在一九七一年三月前，將蘇伊士運河以東英軍撤回本土。李光耀深知此舉對新加坡政經會發生重大不利影響，李氏請求緩撤，英方只允延在一九七一年十二月底撤軍。此後新加坡一切都得靠自己。一九五四年十一月，人民行動黨正式成立。李光耀在大會宣佈，人民行動黨要使成年人都有投票權、工作權，必須得到充分報酬。廢除前此社會財富分配不公等，對沒有工作能力的人，給予社會保障。由於李氏不斷奮鬥，一九五八年英國核准「新加坡於一九五九年，從半自治變爲自治國。但英國係保留國防、外交、修憲及頒布緊急狀態之權。」一九五九年的大選，所有職工會、工會都支持人民行動黨，人民行動黨提名五十一名候選人，結果贏得四十三席。同年六月，英國允許新加坡成爲完全獨立的自治邦。邦政府的首腦稱爲總理，李光耀以人民行動黨秘書長的身分，擔任總理。那時他才三十五歲，是世界上最年輕的總理。

李光耀崇尙儒家思想，但他治理新國則用法家作法。他執法甚嚴，任何人犯法，雖政府要員，亦必處以嚴刑。如：㈠有一政府次長，接受印尼商人贈送飛機票，他下令收押辦罪。㈡一九九六年有一美國人犯罪，依法應受鞭刑，雖經美國總統柯林頓專電求情，李氏仍然依法執行。在內政方面，李氏要使人人受教育，人人有工作，戶戶有屋住。新加坡是雙語制，英語與華語並行。新加坡百分之七十是中國人，但新國教育是讓華人知道，自己是新國人，不是中國人。新國的宗教信仰無限制，工作機會一律平等。最使李光耀自負的，是「公積金制度」和「居者有其屋」。李氏曾說：「居者有其屋和公積金存款，是確保新國政治穩定的因素。」他把新國人民的命運和國家的命運，緊密地聯絡在一起。什麼是「公積金制度和居者有其屋」呢？簡單說，公積金制度是強迫人民儲蓄的制度。政府設立「公積金局」規定任何一個受薪者，不論民營機構或政府公務員，每月工資必須扣除一定比例，雇主（私人企業或政府部門）也須按顧員或受薪者的工資，比例每月拿出一筆錢，存入公積金局。配合「居者有其屋」政策，允許公積金會員，提取存款購買政府建造的廉價「組屋」。新加坡人以前住屋非常簡陋。昔日被視爲著名的貧民窟，但在李光耀執政的努力下，現在已百分之八十五居民擁有自己的房屋。依照李光耀及其下一代執政者的計劃，於二〇〇〇年時，新加坡人百分之百可擁有自己的組屋。新加坡是世界人口最稠密的地方，在六百二十平方公里的土地上，居住著二百六十萬人口。平均每平方公里，居住四千二百人。因此李光耀於一九六○年二月成立了「建屋發展局」，負責統籌建屋事宜，賦予計劃、經建、管理公共住屋的權力。截至一九八五年，已建成近六十萬套組屋，解決了近百分之八十人口的居住問題，預計在一九九○年前，再建十三萬一千套組屋，可以全部解決了新國人民的住屋問題。新加坡脫離了英國保護後，李光耀認爲必須自己建軍，吳慶瑞是新加坡武裝部隊的創始人，當時新國的人口，只有二一○萬至二二○萬。吳慶瑞苦心研究，參考以色列制度、瑞士制度、瑞典制度，最後制定了自己的制度。他制定了「人民衛國軍法案」，經過十五年的努力，新加坡已擁有一支現代化軍隊——三萬常備軍，二十五萬後備軍。在外交方面，李光耀採取「不結盟，睦鄰政策」。他認爲中國是「東協」地區的穩定因素，中國興起可制衡蘇聯，他多次訪問大陸，會見毛澤東等。與中國建交，但與臺灣也保持實質關係。他又多次訪美，新美關係極爲密切。李光耀與英聯邦也保持密切關係，李光耀認爲日本科技是世界第一流。李氏曾經訪日，受到日本天皇的禮遇。新國的工業化，受到日本的幫助不少。新加坡與馬來西亞、吉隆坡、印度也有經貿關係。李光耀對內政、外交都有極具遠見的做去，無怪世界各國都尊稱他爲「小國的大政治家」。李氏本人對他所創辦的「公積金制度」及「組屋」最爲得意，認爲一舉解決了新國人民住屋問題。世界上大國尚無能有如此制度成就。——李光耀眞是世界上特出人物啊！

梁敦厚

梁敦厚，字化之，山西定襄人。原爲閻綏靖主任兼第二戰區司令長官閻錫山之高級幕僚。民國二十六年起日本侵華，全國對日抗戰。血戰八年，最後爲美國兩顆原子彈投之廣島與長崎，日本損失慘重，被迫投降。中日戰後，爆發國共戰爭，晉綏軍艱苦備嘗，勇不避戰。三十八年國軍對共戰役，全面失敗。閻氏固守太原，原欲與太原共存亡。後因蔣中正電閻，認爲一國比一省重要，邀閻氏飛京組閣，與共軍最後決戰，惜乎國軍全面失敗。閻氏仍不氣餒，宣佈爲戰鬥內閣，由京遷渝，由渝遷蓉。尚欲遷往西康，後因形勢所迫，最後遷往臺灣。此時梁敦厚爲山西省政府代主席，共軍徐向前部悉力攻并，城破梁氏偕五百餘軍政幹部，服毒俱死殉國。此時閻蔣已退居臺灣，爲此於圓山建立五百完人塚。每年四月二十四日，政府及各界人士前來祭祀。梁氏此舉義貫千秋，閻氏在臺大書「先我而死」墓碑，樹立圓山五百完人塚旁。此文人臨難爲國捐軀之又一例也。

王志信

王志信，字篤修，山東諸城人，在南開大學預科及本科，主修政治學，副修西洋史。以成績優異，獲聘爲經濟研究所研究員。民國二十六年七月，盧溝橋事變，南開因長久反日，被日寇飛機轟炸，夷爲平地。志信乃由天津返回諸城，從事抗日游擊工作。沈鴻烈主席以其工作表現優異，保送其至重慶中訓團受訓。結業後志信穿越敵區返回山東，歷任魯西南視導團長、省教育廳督學室主任。民國三十七年起，山東各地相繼陷於中共，各地學生紛紛流亡南下，齊集南京。志信奉派爲山東遺湘學生總領隊，率四千餘學生，赴湖南設校，任濟南第三聯中校長。曾向地方交涉借糧，舌敝唇焦，極爲辛勞，得使數千學生，幸未斷炊。不特教之，且需養之。民國三十八年共軍渡江，設於江南之山東流亡學校，八個臨時聯中師生，到達廣州，轉至澎湖。志信奉派爲八校合併組成澎湖防衛司令部子弟學校副校長，負責實際校務。惟各校校風互異，爲免扞格，志信於教員聘任、課程編排，採公平、公正、公開作法，消弭不同。校務因而蓬勃發展。惟當時特務橫行，常以匪諜名義，夜間濫捕教師與學生，多被屈打成招。志信被時得以不死，實處危險邊緣。志信長期處於白色恐怖中，罹患嚴重之神經衰弱症，因而辭職獲准。實際彼時乃由當局指示特務，抓學生當兵，藐視教務，志信亦幾乎被假以共特名義鎗決。志信來台，受聘爲台北工專教授，教法得宜，甚受學生敬重。余與志信爲同寅，曾力讚志信率數千學生，不特教之，並且養之。庇美孔孟，志信曰：「余在澎湖白色恐怖時得以不死，倖矣，何功之有？」

張惠平

張惠平，山東人。畢業於輔仁大學生物系，赴美取得南依利諾大學微生物學博士。曾在美國衛生研究院（簡稱ＮＩＨ）進行博士後研究。並在ＮＩＨ下的癌症研究中心進行癌基因研究。現爲喬治城大學朗巴第癌症中心教授。張惠平說，她在美國海軍總醫院發現一個特殊家族的癌症病例。三個兄弟分別死於不同癌症，使她萌生對癌症基因療法的研究興趣。她追蹤這個原因，經過四年多研究，終於找到一個重要因素，是一個重要基因——P53，決定這個家族的命運。她強調：「每個人體內都有抑癌基因及致癌基因。P53是抑癌基因，今年（九九年）初她在美國癌症研究協會，發表有關P53研究成果，獲選爲最傑出論文。」她預計年底可大量製造出基因療法所需新藥，屆時先進行動物試驗。證實對動物有效，才會運用於人體。初期先運用於攝護腺癌，再逐步用於乳癌。對於國內兩種肝癌及肺癌，也在逐步實驗。隨著基因療法不斷發展，希望不久將來，癌症問題可以逐步解決，張惠平有如此成就，未來可能獲選為「諾貝爾獎金」得獎人，為一傑出青年之馳名科學家。

證嚴法師

證嚴法師，臺灣臺東人，生性慈善，高中畢業，即削髮皈依佛門。多年來募得善款，全用於救濟貧苦病老。不特用於台胞，任何國家有災變發生，證嚴即派其徒弟前往救濟。其自奉極儉，菲律賓頒其獎金美金五萬圓，證嚴不去領獎，令其徒赴菲，以之救濟菲人。其善款救貧救災，不分地域，幾及數十國。證嚴如此做風，不啻今之活佛。臺灣朝野上下，無不敬之，尊為近五百年來，第一善人。

聯語

述懷

生平慕諸葛公忠，子房智計。
垂老信管商治國，儒士修身。

自勗

做人應堂堂正正
爲政要大大公公

誌感

良相從來爲人佐
英雄自古馭群倫

示兒

有一技在身，庶無大慮。

無多年努力，休想成功。
寡欲能長壽
行仁享大年

述懷

子房多病常辟穀
炎武著書寓苦心

感時

學術競崇洋，全無己見。
著書尚抄襲，盡是人言。

五十八年除夕與淑英成婚院門春聯

淑德臨門喜成佳耦
英華滿院欣種芝蘭

又

喜從天降

福自春來

感時八十二年五月七日車上

淺學每驕我爲上
通儒竊笑爾眞狂

民國六十年祝蔣總統介石壽

沐雨櫛風，五十年功在社稷。
經文緯武，二三子再建神州。

壽大哥勵豪立委六秩華誕

處世以誠，謀國以忠，人皆稱賢德君子。
事親也孝，對弟也愛，我敬祝松柏長春。

又

長壽多從欲寡致
大勳常自意誠來

賀陳煥文偉踐兩兄弟同日結婚

教澤樹家風，醫人濟世。

華堂雙喜筵，同稱賢婿。

又

兄弟醫師，青年之傑。

姑嫂賢淑，府上之光。

先嚴諱宗禹字漢臣公第一一六歲冥誕祝文

維中華民國七十八年二月十一日（農曆正月初六）爲

先父一一六歲冥誕，迢迢萬里，余兄弟未能躬往故里，茲特遙薦，敬備

香果，虔祝

大人在天安康，庇佑子孫。嗚呼！生未能報一毫反哺之恩，死不克伸半

絲飾終之力，每思泣血，抱恨終天，限於環境，謹祈慈諒。爰伸衷曲，

依依不盡。尙饗！

兒 鄧 杰 子 率妻暨 女 啓 敬上　民國七十八年二月十一日

輓蔣總統經國民國七十七年元月二十七日

艱鉅已屢經，賴我公掌舵，得已渡過。
險巇尚未已，願國人團結，庶可粗安。

又代人撰

繼總理總裁之宏規，力行不已。
爲反共反俄而奮鬥，盡瘁終殉。

輓凌鴻勛董事長 時任中國石油公司董事長、啓任監察人

功業足千秋，一生興學，念載煉油，最辛勞築路萬里。
典型式後葉，廉謹奉公，恕忠處世，其修養植基一誠。

又

論功不遜詹天佑
興學正如張伯苓 （上聯指築路，下聯指辦交通大學）

輓柳克述董事長（繼凌為董事長）

艱鉅已屢經，功在黨國。

金甌尚未復，痛失儀型。

輓黃國書院長（民國七十六年十二月底）

抗戰名將，立院元勛，論事功早光史乘。
安台橋樑，貧病保姆，其貢獻永在人間。

註：二二八事變時，黃曾返台疏解地方隔閡，頗爲收效。黃又兼任臺灣省社會救濟協會理事長，施貧救苦三十餘年。

輓郭澄秘書長

早退兩三年，病情或可不發。
效忠五十稔，貢獻已頗可觀。

輓羅敦偉先生（民國五十三年十一月，時羅任中油監察人）

椽筆贊中興，文章媲美陳畏壘。
書生存本色，氣節正如郭林宗。

輓鄧翔海先生（民國五十四年二月，時鄧任中油董事）

從江表到天山，均留政績。

服儒行修佛法，允稱賢豪。

輓金開英封翁紹堂先生（民國五十四年二月）

有子才皆幹濟

惟公德兼爵齒

註：（金時任中油總經理，其弟開義任美商森美公司臺灣分公司總經理，故云。）

輓曾省齋先生（民國七十二年六月，時曾任中油董事）

明德仰宗風，頗肖胡黃志業。

濂溪存學脈，無忝道藝傳人。

輓李達海部長（民國八十三年十一月）

四十年盡瘁中油，大勛永在。

一夕間驟升天國，朋輩傷懷。

輓杜為教授（民國七十六年三月）

耆舊漸凋零，賴有吾兄傳正學。

新潮方泛濫，嘆乏英士繼斯人。

輓李潤沂大法官（民國七十一年十月）

教澤功深，早栽桃李遍天下。
法弘蓋世，長遺勛績在人間。

輓董蔚翹協理（民國七十一年三月）

耆老凋零，繼凌公而去。
大勛永在，有懋績爲憑。

輓李華亭醫師（民國七十三年）

有孝女賢兒，君宜無憾。
惟醫貧救病，我佩高風。

輓陶佩潛教授之尊公百歲冥誕紀念

有孝子賢孫，宏陽先德。
留鴻文鉅作，垂範後人。

輓彭正雄總經理之尊人

有子多才博學

惟公積善流芳

輓張效乾教授

治史稱長才，幸留佳作。
臨終慳一面，甚感愴懷。

輓賈景德院長

河汾出名賢，久光史乘。
台海喪碩彥，慟弔忠魂。

輓任今才教授

有孝子賢妻，儕輩稱羨。
惟傳道解惑，士林同欽。

輓馬占和代表（民國七十六年九月）

館前論政，景美談心，憶昔來台皆成夢。
國會長才，鄉邦端士，此時遽逝惜斯人。

輓原玉綎參事（民國八十二年七月）

數十年廉謹奉公，君眞賢士。
半生裡辛勤著述，我弔忠魂。

代苑標青兄弟輓其母郭太夫人

淚眼哭慈親，五十年教養恩深，反哺未及萬一。
白頭悲老父，八千里鄉關夢斷，相思豈祇傷心。

代苑老先生作梅輓其夫人

兒輩已悉成人，論平日含飴弄孫，卿應無憾。
病情一發不治，念此後孤燈寒館，我獨何堪。

輓苑標青鄉兄

政象正多艱，此去少聽煩惱事。
鄉誼常道故，追維難再笑談時。

輓岳母王畢太夫人（民國七十五年五月）

頻年少見慈顏展
深憾鮮承菽水歡

代內人輓其母畢太夫人

揮淚哭慈親，畢生辛勤。爲婦孝，爲妻賢，爲母兼嚴。最難得在流亡中相夫扶疾，葬死撫孤，備嘗艱苦。

捫心罪我輩，半點未報。論養差，論居隘，論歡更鮮。尤可憾當昏夜裡猝病送醫，救治乏術，抱恨終天。

代擬祭黃院長國書文

維中華民國七十七年元月七日臺灣省各界致祭於黃院長國書先生之靈曰：

嗚呼黃公，天縱之英。少時發憤，不願偷生，變易姓名，潛赴東瀛，學習陸軍，欲報強秦。中日戰起，喋血豫西，屢創敵倭，前仆後繼。戰後返台，溝通政情，二八事變，說服人心。弭變有功，當選立委，協調同寅，以和爲貴。政府遷台，安民爲先，公力臂助，表現超前。膺長立院，歷十二年，公正不偏，群情翕然。位久讓賢，怡情翰墨，每逢大事，仍甚心懸。無分省界，同屬軒轅。胡天不弔，喪我元戎，公逝之後，其誰與同。嗚呼哀哉！尙饗。

詩

題內人王淑英「萬山重疊圖」

萬山重疊此間留
長夏清涼靜且幽
世亂紛爭何歲了
幸遺片土任遨遊

鄉思

干戈擾攘幾時休
望海懷鄉四十秋
黎民長久沉苦海
兩岸相持若寇仇

遠望

老去天天望神州
夢魂繚繞舊時遊
聞道自從清算後
人間半死半如囚

出遊

暑去欣然再出遊
如畫山河又清秋
猛念人生轉瞬過
自漸乏術解時憂

中興

中興復國吼多年
仍在遙遙瀚海邊
廟堂殊鮮籌良策
能吏只知加稅捐

註：（上五首均作於七十九年四月）

讀「蘇俄革命外交史的一頁及其教訓」請教丁文江先生

鄧啓

一

七月二十一日，大公報星期論文是丁文江先生的大作「蘇俄革命外交史的一頁及其教訓」，這篇文字，是很有意義的，他把一九一七年十一月蘇俄革命成功後的情形描寫了個大概，顯示出精疲力倦，同時德國挾其絕大的武力如暴風雨似的向革命政府進襲，革命政府處在這樣內虛外弱的窮境下，只有忍辱而向德國議和，不惜犧牲絕大的權利——失地，訂約，賠款。很與我國今日處境有相似的地方。所以丁先生說：「我所以要『舊事重提』者，是因爲當日蘇俄首領的態度和策略是很足以我們當局的殷鑑」。誠然，處在今日我國空前國難臨頭時的首領們，也眞有將歷史上經過相近或類似的事件拿來做個借鑑的必要。

不過，據我觀察：歷史這個東西，只許借鑑，不許模仿。換句話說，歷史上失敗的事後人模仿當然失敗，就是歷史上成功的事後人模仿也要失敗。歷史是有時間性的有空間性的，眞正要一件事成功，是要研究歷史上知敗和成功的時間與空間，同現在相異之點，而決定現在，而適應現在。沒有一個政治家鑑於以往的失敗，不加以改革會得到成功，也沒有一個政治家，羨慕以往的成功毫無適應此時此地的需要會得到成功。古人說：「因時制宜」我認爲這是爲政的一個極其平凡的法寶，雖然仍是一句老話。世界上決沒有同時，同地，同一條件下會發生同樣的兩件事，因之應付方法也決不能同一方式。想拿歷史來做我們的借鑑的人們，要注意在這一點！我覺得丁先生的文章，很有的地方和這個「歷史的原則」相左，我願意簡略的寫出來，求丁先生和讀者們指教。

二

丁先生這篇文章的主旨，是他拿蘇俄革命時期的德國和我們的敵人比較，他要我們的頭等首領學列寧，二等首領學托洛茨基，要我們大家準備到堪察加去！這是根本錯誤。他未曾把歐戰時的德國和我們目前的對方詳加分析，也未能將革命時期蘇俄的處境和我國現在的處境詳細剖解剖解。蘇俄在革命初成功時的處境雖然可慮，但外力既不足以亡國，忍辱尙可以偷安；我們目前的處境更爲可慮，不特忍辱不足以偷安，恐怕無使你有喘息的機會。從任何一方面觀察，我們的處境都比蘇俄當時嚴重，可危！列寧能夠看到當時的情勢足以偷安，所以纔與德國訂定布賴司特——立陶烏斯克（Brest-LitoveK）條約，假如德國眞有力量能夠攻到堪察加時，我想列寧滿不出此。雖然丁先生舉了列寧答覆有人問他如果德國人不管我們簽字不簽仍然進攻莫斯科，那又怎樣的問話道：「我們向東走，到烏拉爾山，再向德國表示我們願意簽字。……只要我們能一致團結，我們不妨到堪察加」。這正是列寧爲政的要訣，不肯輕對人說，事實上他是胸有成竹的。本來德國當時急於要把東戰線的兵移到西戰線去，協約國與盟國兩方面勝負也漸漸看出端倪，然而德國所以仍要積極向俄境進兵者，是因爲它看到蘇俄的元氣大損，意在急中取勝，蘇俄既無抵抗能力，則只有暫避其鋒。所謂「失敗當取其小者」。條約一簽字，德軍當即撤去，可見蘇俄當時還足以偷安。再看我國今日則如何？

丁先生說：「華北是我們的烏克蘭；湖南、江西、四川是我們竹烏拉爾——古士奈茨克，雲貴是我們的堪察加」。我看到這裡不禁有點悽然了。蘇俄對德議和，經過托洛茨基「和而不簽約」的一度週折，除以前各種損失外，不過又喪失了愛沙尼亞、拉底維亞，承認了烏克蘭的單獨和約，償付些賠款而已；我們所受的損失除前次一切不計外，單就近三年來我們足夠愛沙尼亞，拉底維亞數倍大的四省土地喪失了，我們未曾抵抗以一彈。現在我們的烏克蘭也僅有其名了。誰又能保沒有人對我們的烏拉爾——古士奈茨克沒有染指的野心？我們的堪察加也恐怕在人漸次計劃之中。這並非是我故意聳動聽聞，實在是事實如此。從前東北事變的時候，我的主張與丁先生相同的，不幸現在又蔓延到華北了，我是華北人，因感到自身的危險，於是纔開始覺醒，丁先生不是華北人（？），自然不會有這種感覺。我現在很誠懇的問丁先生一句話：「如果有人要我們的堪察加時，我們應該怎樣？德國眞有力量要蘇俄的堪察加時，列寧又將怎樣」？平說來，我們的對方是有這種力量，決不和歐戰的德國一樣；也就是說，蘇俄的敵人能許蘇俄偷安，我們的敵人則不許我們喘氣。如何能夠效去蘇俄？丁先生要我們的首領學列寧，學托洛茨基，其如環境不許何？

蘇俄對德應當退讓，自有蘇俄的應當的特殊條件；我們不應當一味效法蘇俄，也自有我們不應當的條件。這就是我所認爲丁先生的主張根本錯誤，而與丁先生主張所不同的理由。

三

復次，從古到現在沒有沒辦法的政治。政治上正常時有正常的辦法，非常時有非常的辦法。非常時期的辦法至少要有兩種：歷史上越王勾踐事吳爲臣妾，是非常時的辦法，謝玄以數萬之衆對符堅百萬之師，也是非常的辦法。不過這兩個辦法有很大的不同，前者是第一期的辦法，後者是第二期的辦法。勾踐雖然名爲亡國，不過已身爲臣妾，事實上仍許文種一般人生聚教訓足以苟安；東晉若非謝玄孤注一擲，則百萬壓境社稷遽傾，誠恐連勾踐的局面也保不得。同樣是非常時的辦法，也須審時度勢，看得清，算得到，能走那條路纔走那條路。

一有差錯，危局即不可救藥。丁先生所提示我們應當效法蘇俄是非常時的辦法，我認爲我們不應應效法蘇俄也是非常時的辦法，只是丁先生認錯了路——本來應走第二條路，卻仍在第一條路上徘徊—這個危險是十分可怕的。東晉沒走錯路，謝玄會把符堅打敗，終晉之世胡人未能南下一步；南宋走錯了路，始終言和事事屈辱，卒被蒙古滅亡。中國如此，即就我們的東鄰友邦日本言之，也未嘗不如此。日俄大戰在普通人看來，日本如此做好似正常時的正常辦法，其實也是非常時的非常辦法。而且是「日本不過以人民死生拚國家存亡」的危險辦法。這是桂太郎公爵生前和我們的總理密談時的一句很痛心的話，凡看過戴季陶先生所著日本論的人都會知道。

由此可知每一個國家都不免有遭遇非常的時候，只是應付非常局面的辦法，如果能走第一條路當然先走第一條，但如環境不允許你走第一條而硬要走時，非常危險啊！同樣的，環境造成你走第二條路，也只得走去，但如你硬要躲避而有所畏懼時，危險更要厲周。

我認爲中國今日的局面，應當走第二條路去求打開，不應當徘徊在第一條路上冀圖苟安——事實上也不許你苟安。同樣是非常時的非常辦法，而所擇路徑各有不同。這是我所認爲丁先生把應當走的路徑認錯，而亟需奴力矯正的又一解。

四

國家對外決定大策是不容人民輕於置議的。正常時期的對外政策，在未決定以前，尙得允許人民秘密條陳以備採擇；非常時期的對外政策，則連人民秘密條陳的機會也不許有，只有一二個最高首領獨裁獨斷決定一切。更何能允許任何政論家信口開河輕於評議？歷史上無論任何國家對外秘密政策，沒有不是幾十年後纔顯示出來的。誠以對外政策本來應當秘密——非常時期的對外政策尤其應該秘密。無論今日歐美各民主國家政黨對國家的政綱政策如何公開，如何宣佈，然而談到眞正國家對外的根本大策，恐怕也只有內閣總理知道，外交部長知道，此外別人都坐在較葫蘆裡。非常時期的對外政策，恐怕外交部長也在可知之間了。議會雖然能決定對外政策，但卻不能知外交進展之「機」，機的運用仍操在一二人手裡。也可見外交需要秘密，需要獨斷。我不是個迷信獨斷的人，實在是事實應當如此。

我常對人說，一個政治家為國家決一大計，訂一政策，至少須看到十年以後無大損失，纔算政治家。列寧和德國簽字，從一九一八年三月三日直到現在，十七年間再無損失，只有蘇俄一天天恢復失地，決無德國得寸進尺的可能。這雖是一方面蘇俄自身努的關係，一方面德國遭受了空前打擊的緣故，但究不能不歸功於列寧有這種先見的眼光。列寧能看到這種國際形式的變化，所以他可這樣做，他是政治家。丁先生能看到今後這十年中，我們國家的努力能不能如同蘇聯那樣突飛猛進？國際形式的變化能不能如同歐戰後那樣快？從此我們國家的利權也能不能如同蘇俄再無損失？丁先生能看清楚這些一切，敢擔保，我也讚同丁先生可以這樣做。

五

丁先生學識優良，經驗豐富，自然很佩服。所以竭這一點愚忱向丁先生請者者，雖然有感而作，也是敬愛丁先生。我願丁先生運用優長的學識，和豐富的經驗，給我個教訓！（二四年八月五六兩日天津大公報）

丁文江：

蘇俄革命外交史的一頁及其教訓

一九一七年十一月七日共產黨革命成功，同年十一月二十七日蘇俄政府單獨向德奧布土四國提議休戰，明年的三月三日布賴司特——立陶烏斯克（Brest-litovsk）條約簽字。這三個月可以說是共產政府可以說是共產政府最危險的時代。三年的殘酷戰爭把俄國士兵的戰鬥能力和勇氣都消滅罄盡了。托洛茨基從彼得堡到布賴司特——立陶烏斯克的時候親眼看見兵士紛紛的離開戰線，自動的回家。他回到彼得堡來，要求中央執行委員會軍事部的部長，作一篇「愛國」的演說來援助在前線議和的代表。這位部長的回答是：「絕不可能！」

武裝的兵士態度如此，政治上的派別更是紛歧。十一月七日的革命雖然成功，在民衆選舉的憲政會議（Constituent assembly）裡，共產黨卻是絕對的少數。列寧原是反對立刻召集會議的，但是多數共產當的首領覺得議會是多數人民多年的希望，不召集恐怕使得共產黨的地位搖動，而且共產黨用不召集議會來攻擊臨時政府的，自己如何能食言呢？等到一九一八年一月十八日用武力解散新舉出來的議會，共產黨政治上的勢力是比以前鞏固了，然而本黨的內部對於和議問題，卻又是完全不能一致。共產黨的基本黨員多是左派的份子；十一月的革命成功，這一班人的力量最大。而他們多數是反對無條件議和的——他們的口號是革命戰爭。右派的態度較爲和緩，但是他們卻與共產黨的敵人——社會革命黨——比較的接近。假如列寧不顧左派的意見，無條件投降，共產黨內部就要發生分裂的危險。

地方和中央的關係也是萬分的困難，波蘭和波羅的海岸被德國佔領的一部分是不用提的了。其他各部又紛紛的與中央脫離關係。芬蘭早已宣告獨立。高加索和貝沙來比亞也組織了獨立政府。尤其重要的烏克蘭的態度。俄國當日的新工業完在烏克蘭境內，而且糧食也仰給予南俄。烏克蘭卻不承認共產黨的政府。他的軍政部長得不到蘇俄的同意，下命令使烏克蘭的軍隊退卻。不等到和約簽字，先行供給德奧的糧食。一九一八年一月三日烏克蘭政府單獨派代表向四國議和！

共產黨惟一的希望：㈠德國軍事當局急於要把東戰線的兵移到西戰線去，不能不急於謀正式和約的成立；㈡利用各國人民厭戰的心理，宣傳一致休戰爲世界革命的第一步驟。所以共產黨的策略是絕對唱高調——不佔地，不賠款，民族自決等等變爲他們議和的「原則」。而且儘力延長議和的時間，使得國外的同志得以充分的預備。不幸這兩種希望都失散了。德國軍事當局，雖然急於求和約的成立，但是他們徹底瞭解俄國已經完全沒有抵抗的能力和勇氣，不肯放棄戰爭所得的土地和權利。並且他們漸漸的認識共產黨的眞相，極力的設法使得舊日的俄國分裂，所以與烏克蘭單獨另訂和約，強迫蘇聯承認。又出兵芬蘭援助地主撲滅芬蘭的暴動。經兩個月的宣傳，德奧的勞工沒有任何的同情表示。協約國的人民大多數以爲共產黨是德國人的傀儡，是俄國的漢奸。所以經過兩個月的延宕，德國人於二月十八日又開始進兵。第二天列寧就不得不無條件的屈服了。

凡此種種本來已經變爲很陳舊的歷史了。我所以要「舊事重提」者，是因爲當日蘇俄首領的態度和策略很足以做我當局的殷鑑。

在共產黨方面，和約的簽字幾乎完全是列寧一個人的力量。那時托洛茨基是外交部長，第一次出席和會的是越飛。一九一八年一月七日乃改爲托洛茨基自己出席。這是列寧的意思。托洛茨基說：「和居爾曼子爵與賀夫曼將軍講和不是一件有意思的事件。」但是列寧說：「要傳得和議延長，不可沒有人去做延長的工作」。他的意見與列寧並不是一致的。列寧是始終主張無條件簽字的。托洛茨基則以爲一定等到德國人眞正動兵，最好經過相當的抵抗，然後可以屈服。如此可以使得國內的人諒解政府出於萬不得已，以減少內部分裂的危險；同時可以使國外的人明瞭共產黨不是德國軍部的傀儡。他沒有出席以前向列寧陳說：「俄國是不能再戰的了。德國人能再戰嗎？德國的兵士是何心理？俄國革命在德國發生的影響如何？正月裡德國的罷工是工人與軍部破裂的表現……。」列寧回答他道：「這是很動聽的。這種問題不是沒有關係的。不過這是危險的，很危險的！假如德國的軍國主義者還有力量來攻我們（而這是最可能的事），那又怎樣呢？我們不敢冒這種危險；因爲我們的革命是目前世界上最重要的一件事！」

托洛茨基到了和會以後又提議，「和而不簽約」。列寧叫他回來面談。「這是很動聽的。如果賀夫曼將軍不能進兵，這種辦法是再好沒有的了。不過這種希望是很少的。他一定把特別選擇的南德農夫所組成的軍團運了出來。那又怎樣呢？……當現在的時候我們的革命比任何其他爲重要。我們一定要使他安全——不論出任何的代價。」

托洛茨基告訴他，黨內或者要分裂，列寧答道：「不錯的。但是牛前的問題是革命的運命。……我們一定要保存革命。與其等武力來推翻革命，不如聽黨內分裂。何況分裂是未必實現的——左派將來氣過了，會回到黨裡來的。若是德國人征服了我們，我們沒有一個能夠回來的。」

最後，托洛茨基表示他不過使得國內外了解共產黨是萬不得已才簽字的，並不贊成繼續「革命戰爭」。列寧才勉強採用他的「和而不簽約」的政策。果然不出列寧所料，德國決定於二月十八日進兵，托洛茨基還要等到德國兵眞正進攻後，方肯簽字。列寧不聽，因爲列寧的主張中央委員會才通過發電屈服。然而因爲採用托洛茨基的政策，最後的和約比以前的苛刻——各種損失以外，又喪失了愛沙尼亞、拉底維亞，承認了烏克蘭的單獨和約，償付了相當的賠款！

當中央政治會議最後討論簽字問題的時候，有人問列寧：「假如德國人不管我們簽字不簽，仍然進攻莫斯科，那又怎樣？」「我們向東走，到烏拉爾山，再向德國表示我們願意簽字。西比利亞的古奈茨克（Kusnetk）是一個很大的煤田。我們利用烏拉爾和從莫斯科，彼得堡帶去的工人，發展工業，建設烏拉爾——古士奈茨克共和國。有必要的時候，我們可以越過烏拉爾山再向東走。只要我們能一致團結，我們不妨去到堪察加。國際形勢會得有幾十回變化的。我們可以把烏拉爾——古士奈茨克共和國的國境推廣，回到莫斯科彼得堡。若是我們目前繼續作革命的戰爭，把我們黨和勞工的精華喪失了，當然我們永久不能回來！」

托洛茨基沒有去簽字，並且辭去了外交部長。但是他仍舊加入政府，努力革命——並沒有告病假或是脫黨。他辭職的理由是要使得德國人，覺得蘇俄眞正屈服，不再有旁的要求。

華北是我們的烏克蘭；湖南、江西、四川是我們的烏拉爾——古士奈茨克，雲貴是我們的堪察加。我願我們的頭等首領學列寧，看定了目前最重要的是那一件事，此外都可以退讓。我們的第二等首領學托洛茨基；事先負責任，獻意見；事後不埋怨，不表功，依然的合作，我願我們大家準備到堪察加去！（二四年七月二十一日天津大公報）

蘇俄革命外交史的一頁及其教訓

胡適：

前兩星期丁文江先生作大公報的星期論文（七月二十一日），題爲「蘇俄革命外交史的一頁及其教訓」，他記敘的是一九一七年十一月二十七日到明年三月三日蘇俄德國休戰和議的一段故事。這段故事的主要事實是蘇俄革命政府爲了要完成革命工作，不惜委曲求全的和德國單獨講句，最初蘇俄希望一種光榮的和議，——所謂不割地、不賠款，「民主的和議」（Democrficpeace），

——但德國的軍閥不允許這種條約，結果是所謂布賴司詩——立陶烏斯克的和約（The peace Treaty of Brest Litovsk），不但賠款至十五萬元美金之多，還割去了很大的土地。除烏克蘭（Ukraieenia）和芬蘭宣佈爲獨立國之外，還割去了愛沙尼亞（Estnonia），里封尼亞（Livonia），古爾蘭（Courlanb），里杜安尼亞（Lithuania），波蘭；在高加索山一帶，還割去了三省（Erlvan, kars, Batum）。這回割去的土地約佔俄國全國百分之三十。（此據Schapiro的現代歐洲史，頁七六六。）眞可算是絕大委曲求和了！

主持簽字議和最有力的是列寧。他說：「我們的革命比任何其他爲重要。我們一定要使他安全，——不論出任何的代價。」丁文江指出這段故事的教訓是：

「我願我們的頭等首領學列寧，看定了目前最重要的那一件事，此外都可以退讓。我們的第二等首領學托洛茨基，事先負責任，獻意見；事後不埋怨，不表功，依然合作。我願我們大家準備到堪察加去。」

我很希望丁文江先生繼續寫第二篇，把那個布賴司特——立陶烏斯克和約以後的三年內的蘇俄故事也寫出來，讓大家看看那一次的絕大犧牲，絕大的委曲求全，是不是做到了列寧理想中的目的。因爲丁文江先生敍述的那個故事只是一個故事的前一半。可惜丁先生不能每個星期爲大公報作文，所以我今天提議來講那個故事的後半段，那後半段也有一個教訓足供我們的借鏡。

話說蘇俄革命政府在一九一八年三月和德國簽訂了割地賠款的和約之後，國中就起了絕大的分裂。「社會革命」派就脫離了政府，公然攻擊布爾塞維克派的賣國。政府用了最嚴厲殘酷的手段，才勉強把這些內部反對份子剷除驅逐完了。而帝政黨的「白俄」又早已得著協約國的援助，四面八方的倡起武裝反革命來了。一九一八年十一月十一日，歐戰停止了；四年的空前大戰爭終止了，然而革命的俄國卻還要繼續作三年的苦戰，三年的內戰和間接的國際戰爭。西南兩邊海岸上是協約國的艦隊；美國兵佔據了阿曲安吉爾（Archangel）東邊是日本和美國的軍隊佔據了海參威。白俄軍隊的新式武器全是協約國供給的。

一九一八年在西伯利亞的俺斯克（Qmsk）建立了柯爾察（Kolchak）將雷的政府，柯爾察的軍隊屢次打敗了赤俄的軍隊，一直打向西去，幾乎打到莫斯科的附近。這一支反革命直到一九一九年的年底才得結束。

柯爾察之亂還沒有平定，鄧尼鏗（Denikin）將軍又從俄國南部起兵打到北方來了。同時于德尼區（Jubenitcn）將軍也從西境上愛沙尼亞起兵，建立「西北政府」，大舉侵入蘇俄了。這兩股反革命都到一九二〇年的重初方才平定。一九二〇年，波蘭出兵侵入蘇俄。同時南部白俄又捲土重來，擁戴藍格爾男爵（Wrangel）爲領袖，大舉北伐。在這西南雙方夾攻之中，蘇俄政府決心和波蘭講和，喪失了不少的土地；然後用全力攻破蘭格爾的白俄軍隊。藍格爾的亂事平定之後，武裝的反革命才算結束了。

托洛茨基的自傳裡，有三章（三十三、四、五）記載他作戰的經過。三十三章寫他如何解郭山（Kazan）之圍，救了莫斯科；三十五章寫他如何解彼得堡之圍。在最危險的時候，蘇俄政府管轄的地方不過七省而已，往往國庫裡拿不出一塊金盧布來！在協約國的經濟封鎖之下，紅軍的軍械是很缺少的，他們往往須從白俄軍隊的手裡去搶軍械來用！紅軍的總司令是托洛茨基，他在一輛列車上整整住了兩年半的日子！

當革命政府最初決心委曲求全的時候，列寧的目的是要謀得一個喘氣的時期，來完成國內的革命工作。爲了這一個喘息時期，列寧不惜「任何代價」以求和平。賠款到十五萬金圓，割地到全國的三分之一，然而和平終不可得。因爲蘇俄當日有兩大群敵人：一群是那將戰敗的中歐國家，一群是那將戰勝的協約國家。議和之後，不到幾個月，中歐國家解體了，無力再侵害蘇俄了。然而那另一群大敵國，忘不了蘇俄中道講和的仇怨，更怕那新興的「世界革命」的口號，所以他們決心要援助蘇俄的奸人，封鎖蘇俄的四境，要推翻那個可怕的新政權。

蘇俄的和平，不是一九一八年三月三日割地賠款的和約帶來的，是三年的苦戰打出來的。蘇俄的統一政權也是那三年的苦戰打出來的。

我們今日爲國家設計，當然要如丁文江先生說的：「看定了目前最重要的是那一件事，此外都可以退讓。」但是我們也得進一步問：「如果萬分退讓的結果，還換不到那『最重要的一件事』，我們應該走什麼？我們應該準備走什麼路？」

列寧曾說：萬不得已時，準備到堪察加去。然而一九一九年七月國防會議的命令卻是：「死守彼得堡，守到最後一滴血流乾的時候！不退出一尺地，準備在彼得堡的街上作巷戰！」

所以，在退到堪察加之前，還有不少的工作要準備做！

這是蘇俄革命外交史的另一頁的教訓。（二四年八月四日天津大公報）

徐公達：

論布賴司特條約及其教訓

上月二十一日丁文江先生於本報發表「蘇俄革命外交史的一頁及其教訓」一文，主張我們無條件的退讓到我們的堪察加——雲貴去。

這是丁先生不明瞭布賴司特條約產生的環境及其在歷史上的特殊作用，故誤解歷史教訓，提出此錯誤主張，這是很可惋惜的。茲將我個人的意見寫出，就正於丁先生並供當局之參考。

泰寧在蘇俄外交史中寫道：「……流連顛苦的兵士群衆之所以脫營而逃，

爲的是和平……未留可夫與克倫斯基不能給人民以和平的福音，反之布爾塞維克卻不能不走上和平的道路……因爲農民在鄉村中已開始爭奪土地的鬥爭，工人在城市中已開始爭奪工廠的激戰，我們那還有力量去限制兵士不脫營而逃，不離戰地而回故鄉呢？」托洛茨基在其回憶錄中說：「我們無力備戰，這對我是一件很明顯的事實。當我第一次向布賴司特——立陶烏斯克出發順道經過戰壕的時候，我們同志雖幾經催逼。對於德國的橫蠻要求仍無表示反抗之力；戰壕空設，無人過問。和平——無論如何是要和平的。」列寧在其「和平草案」中說：「這是毫無疑義的，我們的車隊在最近一週內或最近一月內，是絕對沒有應付德國進攻的能力……同樣毫無疑義的，目前在我們軍隊中的大部份農民將無條件地贊助以割據爲實質的和平，而不主張立刻的革命戰爭。」

這是當時的時代要求，同時也就是決定和平的出發點。能抓住時代的要求就能抓住時代。克倫斯基政府不顧廣大人民的和平願望，而與德國繼續戰爭，以致二月革命流產。這一嚴重的歷史教訓，使布爾塞維克要想維持脆弱無力的革命政權，便不得不順著廣大人民的和平願望，以極大的代價，與德國媾和。

當時布哈林所領導的左派共產主義者主張革命戰爭，那是負氣的短命政策，不值一顧，不過列寧去也不是如丁先生所說是始終主張無條件簽訂和約的。在和約初期，不但布爾塞維克提出以不佔地不賠款爲和約原則。即德國外相哥爾曼也同意此項原則，因爲他想利用這原則進而與協約各國普遍的議和。後來哥爾曼見這種企圖不能實現，就轉變態度，向蘇俄提出佔地賠款等等要求，於是和約就轉到第二期。這時列寧雖主張接受德國的要求，但在德奧爆發革命的希望之下，仍同意於托洛茨基的「和而不簽約」的主張。後來德奧匈革命運動相繼失敗，情形一天天的與俄方不利，於是列寧才不顧一切意見而主張無條件的簽訂和約。但我們得注意列寧之主張無條件的屈服，是以保持革命政權爲前提的，同時在此前提下，並且還有所期待，他在「和平草案」中說：「我們要組織一個強有力的社會主義軍隊至少需要幾個月的工夫。如果德國在最近三四月內發生革命，那革命戰爭才有意義，她亦不至使我們的社會主義革命斷送於敵人的手裡」。所以列寧的暫時屈服並非徒然，而是立足於「組織強有力的社會主義軍隊與德國進行革命戰爭或德國革命爆發」之上的，因爲無論前者或後者實現，和約就可取消。後來和約在德國革命發動（一九一八年一十月九日）後四日（十三日）經雙方的同意，就無條件的取消了。丁先生說列寧主張一直退到堪察加去，這是丁先生的誤會，話雖然有，但並非這個意思。事情是這樣的，當時因爲列寧強迫中央政治會議通過簽訂和約，於是有人不服，負氣問他：「假如德國人不管們簽字不簽，仍然進攻莫斯科，那水怎樣？」列寧知他故鬧意見，故亦負氣的答以向東走，並且說只要我們能一致團結，我們不妨去到堪察加。這裡話的重心是「我們要團結一致」而不是「不妨去到堪察加」。事實上德人不會進攻莫斯科，（無此環境與力量）列寧也不會主張去到堪察加的。列寧在二月十八日中央委員會全體大會上演說道：「如果德人欲推翻布爾塞維克的政權，那我們當然與之決戰」。退出莫斯科就無異失去無產階級政權。豈但德人進佔莫斯科爲列寧所不許，當後來德大使米爾伯煦公爵被社會革命黨左派勃留金狙擊而死，德國曾藉辭要求有派兵駐莫斯科首都保護使館的權利。列寧對此問題，曾於全俄蘇維埃中央執行委員會會議上作以下的聲明：「德政府要加力保障德國的使館我們是完全同意的。但如果德政府希望在莫斯科駐兵來保護使館，那我們必須鄭重聲明，我們對於這樣的要求，無論如何是不能承認的。因爲這在客觀上就是客軍侵佔俄國的初步行爲。我們對此誅求，必須以相當的對付……加緊我們的動員，一切成年工農群衆均須全體武裝，雖死亦不懼，如果有退守的必要時，一切庫藏尤其是糧食，均須付之一炬，免爲敵人所佔有，在那時候，戰爭是非常緊急的，但無如何，這樣的戰爭是無條件的必要的，俄國工農群衆對此革命戰爭，必將與蘇維埃攜手共同作戰，非至最後一息不止。」

列寧此種威武不屈的態度，卒使德國妥協就範。德國派兵駐守莫斯科使館，列寧尚不能允許，我們有什麼根據說列寧可以退去莫斯科而到堪察加去？丁先生只知道列寧在一種要求之下，而主張無條件的屈服，卻不知道列寧在另一種要求之下，還可以主張無條件的抗戰。丁先生在其大文中說：「我願我們的頭等首領學列寧，看定了目前最重要的是那一件事，此外都可以退讓。」這是不錯的，當時列寧所看中了最重要的一件事是保持莫斯科的革命政權，所以當著德人大舉進攻的時候，列寧曾向一般反對他意見的同志們堅決的說：「我們的革命不是一朝一夕間就成功的。德人會佔取我們的拉特維亞與愛沙尼亞，我們是爲革命的光榮而斷送的，如果他們要我們撤退芬蘭的軍隊，那也可以，就請他佔領革命的芬蘭吧。如果我們眞的把芬蘭，拉特維亞與愛沙尼亞斷送了，那我們的革命也決不至因此而喪失的……」但到德國要求駐兵莫斯科，列寧就堅決不承認，甚至不惜與之抗戰到底。這就是因爲芬蘭，拉特維亞與愛沙尼亞爲了革命可以暫時的割愛，而革命政權所在地的首都莫斯科，爲了革命卻不能允許客車有任何威脅。

從上面的敘述中，可以知道列寧之所以主張屈服於德國的無理要求，其決定條件之一就在當時俄兵無鬥志。我們今日雖是一切不如人，但鬥志是有的。我們當然沒有資格與人宣戰，但抗戰是必要的。不過說到抗戰，或者丁先生不很贊成，要以爲抗戰結果必和托洛茨基的「和而不簽約」的策略一樣，把事情愈弄愈壞的。其實這也不盡然。在布賴司特條約初期，「期待」的策略是極有意義的。不幸德奧革命遲遲發動，同時自己又無力再等待，否則或者德奧革命早發動幾個月，或者自己勉力抵抗等待幾個月，那布賴司特條約不得德國革命發動後取消，在事前就根本不會有。（幸而條約後來取消了，否則將永遠受其禁錮。）後來期待無成，當然不免浪費更多的代價。但我們今日所處的時勢，無論主觀方面或客觀方面，與布賴司特條約時候截然不同，這是我們在學習布賴司特條約的教訓時候，所必須認識清楚的，我們今日有抗戰的最大可能，同時我們更有抗戰的絕對必要。我要問當時德國對於俄國的要求，是受著環境的限制的，在他取得環境所許可的東西後，他便可適可而止，同時布爾塞維克暫時屈服於德國之一定的要求後，就可保持政權，就可自由發展，我們今日如何？我們在屈服於一定的條件下，可以保持政權，可以自由發展嗎？如果照丁先生的辦法退到雲貴去，也許我們的對方可以暫時「滿足」，但國民黨還能回來嗎？這裡我應把「政權」這問題解釋幾句。照丁先生的意思，政權是什麼地方都可以去得的，其實事情不是這樣樂觀。要曉得，政權是有他政治的經濟的社會的之一定的內容和根據，而這種一定的內容和根據又不是任何地方都具備的，丁先生也許可以把政權從莫斯科搬到烏拉爾，因爲那裡有古士奈茨克煤田，如果丁先生再把政權從烏拉爾搬到堪察加去，那就壞了，因爲那裡連煤田都沒有。在一個連煤田都沒有的地方，如何可以建立政權？我問你，在這樣地方，政權拿什麼做食糧，中國共產黨對於政權的觀點和丁先生倒是一樣，他們可以把牠在任何地方建立起來，也可以把牠帶到任何地方去，然而他們是無能爲力的。所以一個可以生存發展的政權是必須有他一定的內容和根據的。十月革命政權之政治的經濟的社會的內容和根據，就在莫斯科，因爲列寧當時把維護莫斯科革命政權看做最重要的一件事，所以他不惜犧牲任何代價來維持他保護牠。

但我們今日最重要的是那一件事呢？丁先生雖不曾明顯地指出，但我可以知道，這就是政權，這一認識我與丁先生是相同的，不同的是丁先生主張把政權無條件的搬到我們的「堪察加」去，而我則主張在維護現政權所在地的必要下，必須盡可能的抗戰。理由除在上面所已申述的以外，這裡再補充一點。就是我們要知道，列寧之擁護布爾塞維克政權於不墜，就在他能順著輿情滿足廣大國民的和平願望而暫時簽訂屈服的和約。我們今日廣大國民的願望是什麼呢？這一個問題的答覆，應該是決定問題的出發點。無條件地退到雲貴去，那是背輿情，那是死路。這裡不必說關係著整個國家民族，就是單單就國民黨的政權而言，這也不是一個辦法。我可以指出，如果國民黨，背著輿情，而決定國家大計，那他必將爲輿情所摧毀。

現在我要把這篇文章結束，我認爲布賴司特條約所給與我們的教訓是：我們應以最大的決心維護我們的政權。在政權可以自由生存發展的條件下，我們的頭等領袖也無妨學列寧忍辱負重的精神，暫時屈服，但如政權受著威脅或者根本上無自由發展之可能，那我們的頭等領袖就得學列寧威武不屈的精神，以必死的決心而與敵人抗戰。因爲在這樣條件下，退讓只有死。抗戰還可以從死裡逃生。（二一四年八月九日天津大公報）

美國的遠東政策

一、美國國勢及其外交政策的發展

一國外交政策的制定與演變，往往隨其國力的伸縮變化為轉移。一個大國的外交政策，誠然應該擁有崇高的理想與深遠的目的，但如其國力不足與其理想及目的的平衡配合，仍然是紙上談兵。外交政策貴乎實現，實現則必有賴於足夠的力量與執行，所以一國國勢與其外交政策的形成息息相關。任何違反這一平衡原則的外交政策，都是不健全的，在執行中必將發生嚴重困難。美國自然不能例外。

美國外交政策的精神，據一九五二年一月三十日美國務院發表的專冊闡述，指出其重要原則有五：㈠美國一定要保證國家的獨立與自主；㈡美國決意要維持個人的自由；㈢美國希望世界各國都能放棄以戰爭或戰爭的威脅為其政策的工具；㈣美國從來沒有傳統的敵國，願意以睦鄰方式與其他國家解決一切問題和歧見；㈤美國人民相信正義，認爲祇有建立在正義上的和平，纔能成爲持久的和平。這些原則似乎太嫌抽象。外交史家貝米斯（Samuel Flagg Bemis）曾經分析美國的外交政策，他指出在二次世界大戰以前，美國外交政策有十四個基本原則：㈠主權獨立，維護自由人的權力；㈡海上自由；㈢通商及航行自由；㈣不參預歐洲政治軍事的一般糾紛；㈤領土不割讓；㈥大陸上的發展；㈦民族自決；㈧歐洲各國不得在新大陸實行殖民地政策；㈨不侵略；㈩脫離及加入國籍的權利，不得強迫；(十一)取締非洲販奴；(十二)泛美主義；(十三)國際仲裁；(十四)反對帝國主義。這些原則固然相當具體，但仍未能明晰指出其歷史的發展。

研究美國的外交政策，必須從其自然環境與國勢變化中檢討其趨向。美國原爲一片處女地，蘊藏極富，而人煙稀少，雖有土人，而不足爲殖民者的阻礙。雖有法西等國與英殖民地競爭，但無嚴重的社會思想傳播其間。美國人祇要墾殖，就可獲得土地；祇要開鑿，就可據得礦區；祇要經營，就可建立工廠，很少遇到干涉。美國人所以容易致富，固然賴此自由環境之賜，所以愛好自由，也係由這環境中產生沿襲，而形成一種優良傳統之故。所以美國外交政策之應該包括維護自由，這是先天的，完全是環境使然。

從歷史上看美國外交政策的演變，大致可分四個段落，也可說四大指導原則。現在分述如後：

㈠孤立主義

這是歷時最久而且最有勢力的一個。美國從獨立（一七七六）迄今纔僅二百餘年，在獨力之初，邦基未固，爲防牽入國際戰爭，歷屆總統嚴守孤立主義，決不與任何國家訂立糾纏的同盟。華盛頓（George Washington）在一七九六年九月九日的告別詞裡曾經諄諄告誡說：「歐洲有它的主要利益，這些對我們可以說沒有關係，或祇是很疏遠的關係。」又說：「這是不聰明的，美國如果由於人爲的聯繫和歐洲國家發生特殊的友誼或仇恨心理。」因爲當時由於法國革命以及革命戰爭所引起的情勢，正使美國人的心理分裂爲親法或親英的兩大陣營。華盛頓主張「我們的眞正政策是要避免對任何國家的久永同盟」，這是孤立主義的最早依據。哲斐遜（Thomas Jefferson）總統也曾向同樣主張美國不應有與外國聯盟的牽制。這些遺訓，以後被引伸爲一個原則，即所謂孤立主義。這一原則支配美國外交達一個世紀（一七九六—一八九六），恰爲從華盛頓卸任到麥金萊（William Mckinloy）就任以前的一段時間，其餘波直至威爾遜（Woodrow Wilson）時代還深受其影響。第一次世界大戰後美政府參加國際聯盟而爲國會否決，就是證明。

(二)門羅主義

這是孤立主義的擴大。美國獨立戰爭打了七年，一七八三纔與英國簽訂和約，當時幅員限於十三州。從一八〇三年起開始從原有的土地向西擴展，這一年從法國手中購進路易斯安那，增加了一大片土地，一八一九年使西班牙放棄佛羅里達半島，領土日漸擴大，雖然如此，但國力仍然有限。一八二二年歐洲神聖同盟因圖粉碎西義等國的民主運動，擬派兵至南美，迫使各小國對西義仍然效忠，並藉此向美洲插足。兼以俄國要求阿拉斯加以南的土地，美俄在太平洋西北部的權益，衝突正烈。當時美國自極不願歐洲列強干涉美洲，正感力量孤單，適逢英國爲阻止神聖同盟勢力向大西洋彼岸發展，兩國利害相同，英國外相肯寧（Canning）因此勸告並支持美國採取對策，美總統門羅（James Monroe）經過愼密考量，乃於翌年（一八二三）十二月二日宣佈兩項原則：一、美洲大陸不容任何歐洲國家殖民，二、歐洲國家不得干涉美洲國家的一切事務，即所謂門羅主義。這一宣佈，無異將美國一國孤立，擴大為一洲孤立，並使美國以保護者自居。這一政策的得以貫徹，後來發展為一項基本原則，實有賴於英國的強大海軍的協助，這是美國外交運用的一大勝利。

㈢門戶開放主義

美國從此時期開始纔過問世界事務。從一八二三年後，美國國勢步步進展，一八四五年合併德克薩斯；一八四八年戰勝墨西哥，割併加利佛尼亞與新墨西哥，版圖日益擴大。一八六七年購進阿拉斯加，美國的西北邊境遂與俄日兩國鄰近。一八七八年以後積極向太平洋及東亞發展，一八九三至一八九八年經營夏威夷群島，一八九八年擊敗西班牙，合併菲律賓、關島及波多黎各，美國勢力遂深入中西太平洋，與中國大陸遙遙相望。美國至此已成為一個大國，已有向世界說話的資格。正當這時，中國方被列強開始瓜分，英、俄、日、德、法先後攫得不少特殊權益，列強在華各自形成勢力範圍。美國爲圖打破列強經濟壁壘，保護其商務利益，因此採取一種政策，其經過大略如下。一八九九年九月美國務卿海約翰（John Milton Hay）通牒對華有關各強國，要求在其勢力範圍內不徵收特別關稅、港口稅及鐵路稅，即要求經商機會均等，並表示美國決無意干涉列強的勢力範圍，亦即承認現實狀態。英俄首先提出保留條件，其他各國亦多模稜兩可，雖然如此，海氏仍於翌年發表宣言，宣布對華門戶開放政策已被列強接受。一九〇〇年因中國義和團事件，爆發了八國聯軍入北京的災難，美國在致聯軍各國的照會中，更進而主張維持中國領土及行政權的完整，先後構成兩項原則，這就是所謂門戶開放主義。這兩項原則，以後被稱爲美國遠東政策的有力基石，但因美國始終不能採取有力的行動，以後半世紀來屢屢遭受挫折，實爲美國外交政策的一大失敗。

㈤海上自由主義

也可說成是門戶開放主義的擴大。美國在一八六一年南北戰爭以前，爲一農業國家，南北戰爭後，因戰時工業的發展與自然資源的開發，促成經濟革命，開始走向工業國家的道路，奠定現代美國的基礎。工業國家必須向外發展貿易，發展貿易則必須取得海上自由，這是自然趨勢。一八九八年的美西戰爭，既使美國走向世界強國之途，美國向全世界發展貿易，因此愈感需要。一九一四至一九一八年由於德國破壞海上自由，防礙世界貿易，美國因此參加第一次世界大戰。一九三九至一九四五年由於德日義破壞海上自由，防礙世界貿易並威脅美國的安全，美國因此參加第二次世界大戰。威爾遜與羅斯福在兩次大戰中所宣示的戰爭目標，雖極冠冕堂皇，但骨子裡美國的目的在打倒世界獨裁者，恢復海上自由。這一原則雖未由美政府明白宣示，不過從近五、六十年來美國的種種行動來研究，大體不會錯誤。

由以上四大原則來看，美國歷史上的外交政策，有時是成功的，如門羅主義、如兩次世界大戰時的海上自由主義，主要是因爲力量（包括與國）與理想能夠平衡配合。有時是失敗的，如門戶開放主義，其癥結就因爲美國始終不能以足夠的力量與理想配合。尤其是最近十一、二年來，像尼克森、季辛吉之流，異想天開，居然想利用中共對付蘇俄，以維護美國在遠東的利益及其世界地位，十足暴露了美國的國力日削，國勢日下。時至今日，美國的外交政策，已談不到理想，更無所謂指導原則，衹是枝節應付而已。

二、近百年來美國遠東政策的演變

美國的遠東政策，實際就是對華政策。美國對華政策的具體建立，自應以一八九九年美國務卿海約翰宣佈的門戶開放政策爲開始，但在此以前，中美邦交已經建立了五十餘年。中美正式通商，始於一八四四年的望廈條約，從一八四四年迄今，已達一百三十九年的歷史。在這一百三十餘年中，美國對華政策一直建立在兩大基石上，就是第一、經商機會的均等，第二，維持中國領土行政的完整與政治獨立，這兩項原則是相輔而行的。美國對華政策的精神，很顯然是經濟性的，它沒有領土野心，這是它贏得中國人好感的主要因素。在一九〇〇年以前，美國對華政策的重點，是爭取經商機會的均等，從一九〇〇年起，它纔進一步強調維持中國領土行政的完整與政治獨立，從這裡看，美國遠東政策的形成，是隨著它的國力擴張而發展的。

檢討近一百數十年來美國遠東政策的演變，應該根據其國力的變化分段來看，從中美邦交開始迄今，大致可分六個段落，現在分別扼要敘述如後：

㈠初期的美國遠東政策

從中美開始通商到美西戰爭結束，可以劃一段落（一八四四—一八九八），這一段落美國的遠東政策，旨在獲得經商機會的均等。美國甫經獨立，即有向東方發展貿易的意向，一七八四年就美輪「中國皇后號」（Empress China）從紐約裝載貨物到過廣州，一七八九與一七九一年美國會先後通過優待鼓勵美商對華貿易的法令，一八三二年美國派羅勃特（Rogert）爲考察印度專使，一八四四年美國派公使興（Caleb Cushing）與清廷簽訂中美通商條約，一八五三年美國派提督柏利（Commodore Perry）打開日本的門戶，凡此足見美國的意向。從一八四四年到美西戰爭以前，美國與中國簽訂過三個重要條約，就是一八四四年的望廈條約（中美五口貿易章程），一八五八年的天津條約，一八六八年的蒲安臣條約（Burlingame Treaty）（中美續增條約八款），其以蒲安臣條約爲最公平友誼，其他兩約對我國均極不平等。美國在華取得經商、居住、領事裁判權、宗教活動、關稅限制以及其他各種權利，實由這兩約奠定其基礎。一八四四年美國尚未合併德克薩斯，國力原本有限，然而它所以能在中美第一個條約（望夏條約）中即取得最惠國條款待遇，適因當時正值中英鴉片戰爭之後，爲一有利時機。一八五八年中美簽訂天津條約時，又適在英法聯軍攻陷大沽口之前，美國外交政策運用的得法，實爲一大因素。不過大體而言，初期的美國遠東政策，僅圖對中日兩國發展貿易，其對華態度，除了獲取商業上及其他特權外，並不欲捲入列強的政治漩渦，所以列強兩次對華戰爭（鴉片戰爭與英法聯軍之役），美國都未參預。這一段落，可謂美國對華爭取通商發展貿易時期。

㈡門戶開放政策的建立時期

從美西戰爭結束到第一次世界大戰結束，可以劃一段落（一八九八—一九一八），這一段落的美國遠東政策，是經商機會均等與維持中國領土行政完整的兩項原則的建立，亦即門戶開放政策的具體建立時期。美國在美西戰爭以前，無力他顧，從一八九八年戰勝西班牙，開始進入世界舞台，這時正是中國多事之秋。由於甲午一戰（一八九四—一八九五），使中國的弱點暴露於世界，列強爭相在華攫取權益，當時的情形是：俄國取得經營東三省的鐵路與採礦權，租借旅順大連灣，並以東北爲其勢力範圍。英國取得華北與華南的採礦築路等特權，租借威海衛與九龍，並以長江流域爲其勢力範圍。法國取得滇越鐵路延伸及其他特權，租借廣州灣，並以西南及海南島爲其勢力範圍。德國取得山東境內特權，租借膠州灣，並以山東爲其勢力範圍。日本除了割據臺灣澎湖及其他戰勝果實外，並以福建爲其勢力範圍。這種情勢，對於美國的經商機會均等政策，實在不利。因此美國務卿海約翰於一八九九年通牒對華有關各國（俄英法德日意），提出三點要求：

1. 對於各國在中國所獲的利益範圍，或租借地內的條約或既得權，不加干涉。

2. 各國範圍內各港口，無論對何國入港商品，都應適用中國現行稅率課稅，其關稅應由中國政府徵收。

3. 各國範圍內各港，對於他國入港船舶，不得課較本國船舶爲多的港稅，各國範圍內各鐵路，對他國貨物，不得課較本國貨物爲高的運費。

這就是門戶開放政策的開始，亦即經商機會均等的具體表現。一九〇〇年美國雖然參加八國聯軍之役，但在致聯軍各國的照會中卻稱：「美國政府的政策在尋求中國困難的解決」，此種解決在「維持中國領土行政的完整，且爲全世界保障中國所有各部份平等公正經商的原則。」這是美國第一次提出維持中國領土行政的完整，從此，美國遠東政策又進了一步。二十世紀開始後美國更擴大門戶開放政策的解釋，禁止在華採礦築路等特權的獨佔及商業壟斷，並屢次重申其維持經商機會均等與中國領土行政完整的兩大原則，這是門戶開放政策形成的大略經過。

不過當美國門戶開放政策宣佈之初，列強並不眞正同意，列強的答覆，以俄國最具規避性，其他國家亦多彼此觀望，事實上這一政策並不穩定。所以門戶開放政策的對象，最初是對付俄國，從日俄戰爭以後（一九〇五年），乃轉而對付日本。自一八九九年到第一次世界大戰結束，美國與俄日兩國奮鬥的事蹟，大略如下：第一、一九〇〇至一九〇三年間，俄國陰謀吞併東北，美國於一九〇二與一九〇三年先後向俄國提出抗議，指責其有違門戶開放政策，並與清廷簽約（一九〇三年），開放瀋陽安東為商埠，打擊俄國獨霸的野心。第二、當一九〇四年日俄戰爭爆發之時，美國籲請雙方尊重中國的中立與完整，一九〇五年更照會各國，警告不得將中國領土割讓與他國，因此日俄在戰後朴資茅斯和約中，除了日本繼承俄國特權外，雙方承認將東北交還中國。第三、一九〇八年美日簽訂魯特高平協定（The Root-Takahira Agreement），雙方同意：一、維持太平洋現狀；二、支持中國的門戶開放；三以和平方法維護中國的獨立與完整。第四、一九〇九年美國照會列強，提議將在華鐵路中立化，即將所有權歸還中國，而由列強供給資金並管理，但為日俄斷然拒絕。第五、一九一五年日本向中國提出嚴峻的二十一條，其內容直視中國為保護國，美國兩次提出反對，但日本恃歐戰牽制，置之不理。第六、一九一七年美日簽訂藍辛石井協定（The Lansing Ishii Agreement），除了重申美日對門戶開放政策的雙重原則尊重外，美國不得不承認「日本在中國具有特殊利益，尤以與日本屬地毗連之部份」，這是美國對日本的讓步。大體而言，這一時期的美國遠東政策，目的在建立並維持門戶開放政策的兩項原則於不墜，列強固然並不眞正同意這一政策，但美國屢次強調維持中國領土行政的完整，對於中國當時處境的艱危，實在不無助益。這一段落，可謂美國對俄日兩國的奮鬥時期。

㈢九國公約的努力時期

從第一次世界大戰結束至九一八事變以前，可以劃一段落（一九一八—一九三一），這一段落的美國遠東政策，是以外交方式將雙重原則置於條約的基礎上，獲得列強的尊重，在第一次世界大戰期間（一九一四—一九一八），美國因爲重視歐局，無暇顧及遠東，所以對日本無可如何?從一九一八年大戰結束後，美國由於參戰獲勝，威望大增，因此增強其對遠東發言的力量。一九一九年在巴黎和會中，中國要求收回德國戰敗後在山東的一切特權，日本則堅持繼承此種權益，雙方爭執甚烈，美國雖然支持中國，但列強則偏袒日本，因此中國拒絕簽字。此後兩年，美國考慮通盤解決遠東問題，因有一九二一年至一九二二年的華盛頓會議的召集。在華盛頓會議中，美國一方面於會外斡旋中日直接商談，日本終於承認將山東主權歸還中國；一方面與中、英、法、日、義、比、荷、葡簽訂九國公約（一九二二年二月），並與英法日簽訂四國海軍協定（同月），藉此以約束日本。在九國公約中，規定除中國外，其他各國一致同意尊重中國的主權獨立與領土行政的完整及門戶開放原則，美國遠東政策的兩項原則，至此獲得國際的廣泛承認。自此以後，直至一九三一年九一八事變以前，除了一九二九年中蘇一度武裝衝突，旋即平息外，將近二十年來，遠東局勢大體頗爲穩定。這是美國遠東政策運用的最爲成功的時期，也可謂美國對日本的約束時期。

㈣日本全力侵華時期

從九一八事變到第二次世界大戰日本投降，可以劃一段落（一九三一——一九四五），這一段落的美國遠東政策，是由隱忍、退縮而終至被迫走上戰爭。這一段落又可分爲三個階段：從九一八事變到七七事變（一九三一——一九三七）可謂不承認主義時期。從七七事變到珍珠港事變（一九三七——一九四一），可謂美國逐步援華時期。從珍珠港事變到日本投降（一九四一——一九四五），可謂美日戰爭時期。在這一段落裡有一個特點，就是美國雖然耗損億萬金錢與人力，被迫對日打贏一次戰爭，但結果並未實現其門戶開放政策的雙重願望，僅可說是曇花一現。在第一次世界大戰後十餘年中，美國早已縮減軍備，日本則暗中積極擴軍，一九三一年九月十八日日軍突然襲擊瀋陽，迅速侵據東北，美國遠東政策至此遭遇試驗，九國公約更被破壞無遺。但因英國不肯合作，美國僅祇宣佈：「美國不能承認任何的既成事實情勢的合法性，亦無意承認該兩政府或其他代表所簽訂的任何條約及協定。」（一九三二年一月致中日兩國照會）（由當時國務卿史汀生（Menos Liwes Stimson）所宣佈）即所謂不承認主義，藉此以圖延宕。一九三四年四月十七日，日外務省發言人天羽英二發表一項狂妄聲明稱：一、日本在東亞有特殊責任，二、日本為中國政治保護者，並警告列強不得有損於日本在華的各項特殊權益。美國對此束手無策。一九三五年底日本迫使河北、察哈爾、綏遠、山西與山東五省特殊化，實即變相的日本控制，美國對此也僅發表聲明（是年十二月），希望日本尊重條約而已。這一階段美國的隱忍態度，實為導致其遠東政策失敗的重大因素。一九三七年七月七日，日本悍然發動盧溝橋事變，迅即展開全面侵華戰爭，日軍對美國的教會與財產，任意侵奪或炸燬，美國屢次抗議無效。日軍以壓倒優勢任意殺戮推進，中國軍民艱苦抵抗，但在起初兩年半中，美國仍以戰略物資繼續售給日本，希望不捲入戰爭。在一九四〇年以前，美國固然早以貸款援助中國，但直至日德義三國同盟簽字（一九四〇年九月廿七日），日本回頭顯已絕望時，美國纔以較大援助給予中國。一九四〇年九至十一月間，美國先後宣佈禁止廢鐵廢鋼運日，並給予中國一億元貸款。一九四一年五月六日美國宣佈援用租借法案援華，並鼓勵航空人員來華服務，但仍未宣佈石油禁運，仍留一段餘地。這一階段美國的退縮態度，實無異予日本從事更大冒險的一大鼓勵。一九四一年十二月初，美日談判瀕於絕裂，同年八日日本突然偷襲珍珠港，美國船艦損失慘重，至此被迫只有對日宣戰。自此以後，美日妥協幻想破滅，美國纔決心加強援華。一九四二年二月初美國決定以五億元貸予中國，一九四三年一月十二日中美簽約取消在華治外法權，同年十一月中美空軍混合大隊成立，此外如在華成立盟軍聯合參謀總部，如美國在莫斯科四國宣言（一九四三年十月三十日）中承認中國爲強國地位，如美國在開羅宣言（同年十二月）中同意將臺灣澎湖歸還中國等，都說明美國眞正採取堅強態度，乃在珍珠港事變之後。這一階段美國的被迫走向戰爭，實爲其過去態度軟弱的必然結果。總之，從九一八事變到第二次世界大戰日本投降，這一段落是美國遠東政策的一連串失敗，九一八事變是開始，七七事變是擴大，至珍珠港事變則發展到頂點。這一段落，可謂美國遠東政策對日本的失敗時期。

(五)蘇俄全力侵華時期

從第二次世界大戰結束到中美共同防禦協定簽字，可以劃一段落（一九四五—一九五四），這一段落的美國遠東政策，是由認識錯誤致使中國大陸淪陷，中間一度放手，而又回到保守臺灣基地主義。這一段落又可分為兩個階段：從第二次世界大戰結束到韓戰爆發以前（一九四五—一九五〇），可謂美國對華認識與決策錯誤時期。從韓戰爆發到中美共同防禦協定簽字（一九五〇—一九五四），可謂美國回到保守臺灣基地主義時期。在第二次世界大戰將近勝利以前，美國鑄成一項大錯，就是一九四五年二月十一日的雅爾達秘密協定，美國同意蘇俄在戰後恢復其帝俄時代控制東北的權益，並迫使中國與俄簽約（同年八月十四日）承認之，致使蘇俄於數日內輕輕佔領東北，並得迅速裝備扶助中共擴大發展，這是美國戰勝日本而未能實現其門戶開放政策的主要因素。其次，美國鑄成又一項大錯，就是以全力斡旋國共談判。美國當時認爲戰後美俄可以和平和作共處，而又認中共爲一農村土地改革派，其目的不過在爭取民主，因此從一九四四年八月赫爾利少將奉派來華開始，到一九四七年一月馬歇爾元師返美以前，美國正式負責調解國共糾紛，主張雙方停戰，成立聯合政府。在此期間，中共乘機極力擴張，而中國政府則深受限制，加以少數貪污官吏致失掉人心支持，終使政府被迫退出大陸（一九四九年十二月）。一九四九年當大陸形勢正在危殆之際，美國突然發表中美關係白皮書，除了指責中國政府推卸責任外，並表示愛莫能助，從此直至韓戰爆發以前，美國對華採取放手態度。這一階段美國對華的錯誤認識與決策，恰恰幫助蘇俄間接控制了中國，較之日本侵華時期，美國的遠東政策失敗得更慘。一九五〇年六月廿五日蘇俄指使北韓突然大舉南侵，目標顯然在日本，美國與蘇俄和平共處的迷夢，至此驚醒，乃一面迅即派兵援助南韓，一面宣佈使臺灣中立化，並以第七艦隊協防臺灣，不過動機只是認爲臺灣地位關係其西太平洋防務，誠恐韓戰波及。美國原有意承認中共，由於中共激烈反美，並參加韓戰，纔漸轉而支持中華民國。一九五一年五月美國宣佈派軍事代表團來臺協助建軍，一九五二年四月美國勸使日本與中華民國簽訂雙邊和約，並逐漸加強對臺灣的軍經援助。一九五三年二月美國一度宣佈解除臺灣中立化，允許臺灣向大陸自由出擊，以牽制中共的兵力。不過在此以前，美國雖在聯合國一再維護中國席次，但對臺灣澎湖主權之所屬，迄未肯定承諾。直至一九五四年九月中共開始進攻金門大陳，一再宣稱要解放臺灣，美國乃於同年十二月二日與中華民國簽訂共同防禦協定，明定協防中國領土及臺灣澎湖，美國纔正式承認臺澎的主權屬於中國。這一階段美國的協防臺灣政策，完全是由於臺灣基地的戰略價值，美國所以終於轉而支持中華民國，也是中共的倔強態度逼出來的。總之，從第二次世界大戰結束到中美共同防禦協定簽字，這一段落是美國遠東政策的又一連串失敗；不過日本侵華是採取直接的行動，蘇俄侵華，是採取間接的行動，所以美國容易因此而認識錯誤。這一段落，可謂美國遠東政策對蘇俄的失敗時期。

中美自一九七九年元月斷交，中止外交關係，美國轉而承認中共，迄今已十八年。在此期間，美國雖與中共正式建交，但與臺灣仍保持實質關係。係依美國的「臺灣關係法」所示，美國仍然售給臺灣以防禦性爲限的武器，雙方仍保持經貿關係。國民政府被迫退出大陸，遷至臺灣，當時美國即欲與中共建交，而爲中共拒絕。其時中共爲蘇聯所控制。直至一九七二年起，尼克森與季辛吉多年來連續訪問大陸，其時中共力量已可自行決定，因而美國與中共於一九七九年簽定建交協定。美國固然承認中國是一個，臺灣只是中國的一省，但美國多年來一再聲明，中國兩岸統一必須和平解決，決不許中共對臺灣動武，中共如果對臺採取武力行動，美國必會出面干涉。何以美國如此呢？美國認爲臺海一旦發生戰爭，對美國的軍事及經貿利益有損，所以多年來中共一再宣耀武力，但只是口頭宣耀而已。

綜觀美國的遠東政策，主要是對華政策，扼要言之，是美國運用各種方法，維護它自己的利益。不過有時勝利，有時因錯誤而失敗。從門戶開放政策起，到迄今不得已而承認中共，骨子裡全在維護它自己的利益。美國最大的錯誤，是誤認中共是農村土地改革派，所以當年派馬歇爾特使，來華調解國共紛爭。其後中共控制了大陸，美國惟恐有損其在華利益，乃轉而承認中共。及國民政府被迫遷至臺灣，美國所以與臺灣仍維持實質關係，乃誠恐臺灣落入中共手中，使美國喪失更大利益。所以研究美國的遠東政策，主要是對華政策，美國唯一目的，是運用各種方法，維護其在華利益。千言萬語，這是美國對華政策的眞正目的。

西安事變的眞正內幕

多年來寫西安事變的文章很多，大多未能將事變的眞相全部說出。現在我親自所知者，扼要介紹其經過。

當民國二十五年十二月十二日，張學良和楊虎城突然將軍委會蔣中正委員長劫持，囚在西安，世稱西安事變，朝野震驚。當夜張楊急電太原綏靖公署閻主任錫山，說明並非囚蔣，乃請其容共團結，一致對日。當夜閻召集軍政要員協商，計有趙戴文、徐永昌、賈景德、朱綬光、楊愛源、孫楚、周玳、王靖國、趙承綬、楊效歐等。那時我是太原綏署的機要秘書，列席承辦文案。當時閻稱：「漢卿、虎城，是個傀儡，此事幕後必爲中共所指使。」（漢卿是張學良的字）少傾，閻兩手插在背後，邊走邊告賈景德秘書長擬一覆電。賈略運文思，頃刻文成。文曰：

漢卿、虎城兩兄勛鑑：

來電均誦悉。環讀再三，驚痛無似。弟有四個問題，質諸兄等：第一、兄等將何以善其後？第二、兄等此舉，增加抗戰力量乎？減少抗戰力量乎？第三、移內戰爲對外戰爭乎？抑移對外戰爭爲內戰乎？第四、兄等能保不演成國內極端殘殺乎？前在洛陽時，漢兄曾泣涕而道，以爲介公有救國之決心。今兄等是否以救國之熱心，成爲危國之行爲乎？記曾勸漢兄云：今日國家危險極矣，不洽之爭論，結果與國不利，當徐圖商洽。不洽之爭論尚且不利國家，今兄等行此斷然之行爲，增加國人之憂慮，弟爲國家、爲民族、爲兄等，動無限之悲痛。請兄等亮察，善自爲之！

稿成，閻交我交機要科立即拍發。後張楊曾有覆電，就文中四點分別答覆，極盡強辯之能事。並云：「我公（指閻）老成碩望，當千鈞一髮，又知良等最深，良等激於愛國熱忱，行動或涉鹵莽，然此心無他，可質天日。還懇賜以進一步之指教。」閻電發出，因文情並茂，傳誦一時。隨即派趙戴文、徐永昌、傅作義、趙丕廉四人飛西安營救蔣委員長。惟因傅在綏遠（時傅任綏遠省主席），趙丕廉在南京（時趙爲閻之駐京代表），聚合須時。翌日另一機要秘書梁敦厚手持截獲「紅中社」（當時中共在陝北所設之秘密機構）密電數件，呈閻核閱，閻閱後交我保存。（梁敦厚字化之，即三十八年四月廿四日太原淪陷時，率五百完人殉國的山西省梁代主席）。其時太原一時成爲政治重心，中央方面孔祥熙派代表黃紹竑抵並謁閻，研究如何營救蔣委員長，張楊派李金洲飛太原謁閻爭取同情，其他中外代表亦有多起，一時太原冠蓋雲集。

那時在南京方面，極力主和的是孔祥熙、宋美齡、宋子文。極力主戰的是何應欽。孔祥熙時任行政院長兼四行兩局總裁，何應欽是蔣之下的最高軍事首長。孔宋等研究結果，請端諾陪宋美齡、宋子文，飛赴西安營救蔣，端諾是外國人，曾爲張學良及蔣的顧問，與雙方皆有交誼。

那時在延安方面，毛澤東力主殺蔣，周恩來住在西安，正在猶豫。忽接蘇聯領袖史達林急電，指示萬不可殺蔣，條件是令蔣容共一致抗日。此一急電，加以閻之四呼電報，是促成釋蔣的重要力量。史達林這一急電，獲致三大利益：㈠張楊釋蔣交換蔣同意容共。那時共軍經蔣十年剿共，只餘三兩萬殘兵敗將，等於救了中共。並導致抗戰時共軍三分抗日，七分擴展地盤。㈡促成日本提早全面侵華。日本見中國國共合作，不能再緩，以前是蠶食，現在想鯨吞，所以翌年就發動七七事變。日本原在西伯利亞不斷壓迫蘇聯，當日軍全面侵華時，大大減輕對蘇聯的壓力。㈢在日本侵華的末期，美國原與蘇聯簽約，希其參戰，蘇聯遲遲不動，迨美國將以原子彈攻擊日本時，蘇聯始宣佈參戰，僅六日日本即投降。蘇聯趁勢席捲我東北各省軍民用物資，並助中共收編日俘，使中共力量益發壯大。這是史達林一電的又一重大收穫。

史達林這一急電，我在太原綏署時已從空中截獲呈閻，又截獲宋美齡以鉅額金錢送贈張學良原配夫人于鳳至的電報，那時于居住國外。宋送于金錢的秘密，恐怕世人知道的很少，其目的是讓于影響張學良。

綜觀史達林一電的重大影響，當時是救了中共，其後共軍逐漸壯大，在日本投降之後，中共發動國共戰爭，最後迫使國軍大部分瓦解，蔣氏黯然遷到臺灣。推本窮源，是中共與俄共，前者製造西安事變，後者擴大西安事變的影響，都是高明的政治技巧。可見高明的政治技巧重要之至啊！

再者，當西安事變後，國民黨容共，翌年日本全面侵華，中共以周恩來爲駐渝總代表，蔣並任周爲軍委會政治部副部長。那時閻司令長官錫山，派我爲少將駐蓉代表，我有時在蓉，有時赴渝，與各黨派及川康軍政領袖接觸頗多，我與周恩來極熟。有次我笑問周曰：「周代表，西安事變您們導演得眞好，若無西安事變，恐怕您們的處境極阨。」周說：「甚是。自古用兵首重權謀，若做困獸之鬥，非高明戰術。」周恩來爲人極爲機智，是一人才，他的地位原本在毛澤東之上，自從抗戰末期中共在遵義會議時，毛一躍而爲總書記，周爲全黨合作計，隱忍不動聲色。其後中共控制了大陸，組織中央政府，毛爲主席，周做總理，仍然與毛合作無間。毛的爲人極爲兇狠，曾經鬥爭劉少奇，下放鄧小平，陷害林彪。只有周恩來運用手腕，對毛應付得甚好。周恩來雖係共黨領導人之一，但處事頗有人情味。周幼時甚貧，他是南開中學學生，無力繳學費，校長張伯苓令他半工半讀，免繳學費。後來國軍戰敗，從大陸撤退，張伯苓在渝未來臺灣，周恩來令左右保護其師，婉勸不必回南開，免遭清算。國軍從大陸撤退時，張群因到昆明說請盧漢不必投共，幾乎被扣，匆促中逕飛臺灣，將其老母陷在成都。周恩來令左右保護張老太太。又如齊璜白石，是名畫家，家產被共黨沒收，周氏知悉，乃令全數返還，並聘齊璜以藝術團長名義，率團出國訪問。凡此，足見周氏作風不同凡庸。記得當美國向日本廣島投下原子彈後，日本被迫投降。周恩來對我說：「日本這個軍國主義國家，不可輕視，我們應緊防日本未來再起。」周恩來眼光敏銳，眞是一個人才啊！

鄧啓傳略

陳芝

先生姓鄧名啓，字子發，山西懷仁人也。父宗禹公，研理學，教授生徒，不慕榮利。母龔雲章太夫人，篤信佛法，以剪畫名於世，畢生鬻畫濟人。先生少家貧，而好讀書，每黃昏飯間，坐母氏膝邊，誦短文五、六篇，異日不忘，尤嗜史。賴兄之資助得大學卒業。先後任教於國內大專各校，四十餘年，專治文史，尤留心經世之學。

先生學凡三變，始出三晉名儒郭象升先生之門，文宗漢唐，專攻詞章，以論政爲晉當局所賞識，延爲記室，時年僅廿四歲。迨中日戰起，奉母入川，任閻綏靖主任伯公之少將駐蓉代表。公餘與賈題韜教授相切磋轉治義理，曰：此爲學問之根本。時賈宗陽明，兼治釋老，先生則承父教，固守儒家藩籬。惟謂三家學雖不同，然語其要皆須治心，治心之道，孔曰愼獨，孟曰集義，程朱去欲存理，陽明致良知，老曰無爲，釋曰去執，先生則拈出求心安三字。曰：此吾之學旨也。有心性論綱一書，闡明斯旨。謂孔也，孟也，朱王也，老釋也，其治心功夫雖各有不同，惟皆須經求心安一關，此其相同也。此說也自謂積之十年，始敢立論，蓋獨家心得也。及大陸變色，渡海來臺，睹紅流之鉅變，嘆政象之紛歧，乃斷然改觀，遂又一變。認儒家修己治人，本爲一事，所貴乎學問，在經世致用，力斥後儒末學空疏之弊。乃鑽研治術，指陳竅要，冀有裨治道，備當道採擇。其論政，則不重統緒、體制、學說、主義，要在能否大公。嘗謂李世民帝王也，其貞觀之治，今日有能及之者乎？又曰：世間最易之事爲治國，但能公而無私，何患不治？古今多少朝代旋興旋滅者，乃野心家父子相傳私之故耳。其論學，則曰：必成一家之言。其論文，則曰：必有眞知灼見。嘗笑今之政論家持論，往往曰可能如此，可能如彼，而殊鮮斷語。修博士論文者，率多摭拾資料，推垜成篇，而了無創見。學問云乎哉？又屢指西方政經學說，近乎欺騙，炫民主而實僅集團專政耳，誇理財而反致舉世通貨膨脹，陷民疾若。治平云乎哉？顧潮流所趨，其道不行。乃思退而著書，以貽後人。

先生處世，只盡責二字。曰：爲父者盡父之責，爲子者盡子之責，爲夫婦、長幼、朋友、同僚者，盡夫婦、長幼、朋友、同僚之責，如此而已。生平不計毀譽，行其所是，亦不文過。以故不善營謀。自視甚高，閱當代人物，甚少當意者。嘗謂中國欲求長治久安，須待不世出之大政治家出現，欲求政治民主，須俟五百年後也。

先生事親至孝，父早世，母氏晚年綿病，先生侍護不離，歷十年之久。事兄至敬，兄勵豪，爲立法委員，獻替國事，貢獻至多，人皆敬之。妻王淑英女士，賢淑如其名。子治平，亦嗜史，雖髫幼，每至忘食廢寢。女彥平，幼而慧，吐辭屬文，已如成人。先生至鍾愛之。

先生弱冠病胃，痛苦半生。晚年病目，爲庸醫所誤，左目失明。自幼體弱，不能任繁劇，而歷經挫折，從不灰心。當目疾割治時，醫慰勿懼，先生笑曰：死生如晝夜，興亡似雲煙。可以見其胸襟矣。時在民國六十八年八月十七日。

先生憂其學之不傳也，故傳其生平。曰：異日倘有賢豪崛起，讀吾傳而欣然與我共鳴者，繼而伸其義，發其微，以助撫世宰民者之成其功，則余願足矣。

可敬可佩的鄧啓先生

靳叔彥

鄧啓教授自民國四十八年七月起，擔任中油公司監察人，迄至七十三年六月底已歷時二十五年之久，發言議事對中油公司事業經營，貢獻很大，先生在大學執教，彬彬學者，品德孚眾，甚爲工業及學術界所推崇。先生於七十三年六月底屆齡榮退監察人職位。筆者與鄧教授相識多年，對其人品、學術著作與對中油公司多面的貢獻，其爲欽佩，爰就所知謹將鄧教授的行誼與功績簡述如下：

鄧啓先生字子發，山西省懷仁縣人。國立山西大學畢業，私立華西協合大學研究所研究，曾任國立山西大學講師、私立華西大學副教授、私立銘賢學院教授、太原綏靖公署少將參事、軍委會委員長成都行轅少將參議。民國三十八年撤退來臺，先後受聘爲中華日報主筆、教育部簡聘特約編審、中國石油公司監察人，及省立（已改國立）臺北工專教授等職。鄧氏持躬勤慎，對治學方面無論政治、經濟及我國義理之學，均爲其致力範圍。鄧氏認爲義理之學在教人如何做人，亦即修己，不論研究任何學問或從事任何工作，均不可不注意修己，然後始能就其專攻所學，以貢獻社會，造福人群。鄧氏主張學問貴有創見，著作篇幅不在多而要精。嘗謂今人作品動輒自炫數十萬言，實則具有眞知灼見者不多。其分析政經問題，亦異於常人，嘗謂今之政經學者，多盲目奉西方學說爲圭臬，往往囫圇吞棗，未詳察國情，或甚有挾新奇以譁衆取寵者，皆非純正學人。學問貴乎有自己獨到見解，漸自成一家。又學問貴能踏實，必須經世致用。歷經凌鴻勛、柳克述、胡新南、李達海四位董事長，及金開英、胡新南、李達海、陳耀生四位總經理，每發言議事，悉以有益於公司業績成長及貫徹政府政策爲依歸，不偏不倚，秉持公正。鄧先生平日爲人沉默寡言，但對正人君子及學者專家，則敬重有加，中油歷任主持人及中高級主管，其中品德、才學、經驗，夠一流水準者頗不乏人，鄧氏認爲本公司之所以能由當年百廢待舉的規模，發展成今日躋身於世界大油公司之林，而且各項業務不斷的蒸蒸日上，實應歸功於多年以來人才輩起。對於現代企業經營力求進步，適應國家經建需求，裨益於國計民生而有今日成就和業績。

鄧教授對中油公司故董事長凌鴻勛先生一生艱辛築路萬里，盡心興學，主持全國交通大計，領導中油公司事業逾二十載，彬彬學者，正直樸實，最爲欽崇。彼尤認爲中油公司人才濟濟多能景從凌公。預料來日事業必將有更大成就，而「廉謹奉公，忠恕處世，修養以誠」，此一典型更爲中油人才精神之所倚重。鄧氏每與友人談論，對同仁等多有賞識與鼓勵之意。

鄧先生榮退後，將繼續在大學執教，並惠允願常爲中油公司建言及樂見公司之事業蓬勃發展，本文用特表達對鄧教授敬佩之忱，並祝福先生及其闔第安泰康綏，百事如意。